dtv

Für Freunde geistreicher Bonmots ist dieses Buch ein wahres Schatzkästchen: Ob zum Hochzeitstag, in Liebesangelegenheiten, am Stammtisch, zur Kündigung oder zum Geburtstag – bei den hier versammelten Gedichten, Aufsätzen, Reden und Epigrammen von Erich Kästner ist mit Sicherheit etwas Passendes für (fast) jede Lebenslage dabei. Sei es zum vergnüglichen Lesen oder als Zitat für den gegebenen Anlass – eine heitere Lektüre, nicht nur für Kästner-Liebhaber.

*Erich Kästner*, geboren am 23. Februar 1899 in Dresden, studierte nach dem Ersten Weltkrieg Germanistik, Geschichte und Philosophie und promovierte 1925. Neben seiner schriftstellerischen Tätigkeit war er als Theaterkritiker und freier Mitarbeiter bei verschiedenen Zeitungen tätig. Von 1945 bis zu seinem Tod, am 29. Juli 1974, lebte Kästner in München und war dort u. a. Feuilletonchef der ,Neuen Zeitung' und Mitarbeiter der Kabarett-Ensembles ,Die Schaubude' und ,Die kleine Freiheit'.

# Erich Kästner

## Wird's besser?
## Wird's schlimmer?

Gebrauchstexte
für (fast) jeden Anlass

Mit einem Vorwort
von Hanjo Kesting

Zusammengestellt
von Renate Reichstein

Deutscher Taschenbuch Verlag

Bei <u>dtv</u> sind nahezu sämtliche Werke Erich Kästners
in Einzelausgaben lieferbar.

**Ausführliche Informationen über
unsere Autoren und Bücher
finden Sie auf unserer Website
www.dtv.de**

4. Auflage 2014
2011 Deutscher Taschenbuch Verlag GmbH & Co. KG,
München
© 2007 Atrium Verlag AG, Zürich
Alle Rechte vorbehalten
Umschlagkonzept: Balk & Brumshagen
Umschlagbild: ‚Die Astlochgucker' (1925)
von Walter Trier (Walter Trier Erben,
Vancouver, Kanada)
Druck und Bindung: Druckerei C. H. Beck, Nördlingen
Gedruckt auf säurefreiem, chlorfrei gebleichtem Papier
Printed in Germany · ISBN 978-3-423-14050-8

Erich Kästner wurde im letzten Jahr des neunzehnten Jahrhunderts geboren: „Jahrgang 1899". Er war ein Jahr jünger als Bertolt Brecht, ein Jahr älter als Kurt Weill und Anna Seghers. Als er geboren wurde, war Theodor Fontane gerade gestorben. Thomas Mann und Heinrich Mann schrieben an ihren Debüt-Romanen *Buddenbrooks* und *Im Schlaraffenland*, Frank Wedekind an den *Lulu*-Tragödien, Rilke an seinem berühmten *Cornet*. Als Lyriker gaben Hofmannsthal und Stefan George den neuen Ton an. Ausgehendes neunzehntes Jahrhundert also, *fin de siècle*: Gesellschaftsroman, Naturalismus, Symbolismus, Jugendstil. Friedrich Nietzsche, seit zehn Jahren in geistiger Umnachtung, stand noch am Anfang seiner epochalen Wirkung; sie sollte sich geistig im Expressionismus, geschichtlich im Ersten Weltkrieg entladen. Mit Kästners Geburtsjahr begann also auch eine Vorkriegszeit, ohne dass die Zeitgenossen, im Dunkel des gelebten Augenblicks, es wissen konnten. Das Geschick seiner Generation hat Kästner dreißig Jahre später im Eröffnungsgedicht seines ersten Lyrikbandes beschrieben: „Dann holte man uns zum Militär, / bloß so als Kanonenfutter. / In der Schule wurden die Bänke leer, / zu Hause weinte die Mutter."

*Jahrgang 1899* war das Programmgedicht einer „verlorenen Generation". Dahinter stand die Erfahrung des Ersten Weltkriegs mit seiner Umwertung aller Werte:

„Man hat unsern Körper und hat unsern Geist / ein wenig zu wenig gekräftigt. / Man hat uns zu lange, zu früh und zumeist / in der Weltgeschichte beschäftigt."

Kästner war achtundzwanzig Jahre alt, als er, der gebürtige Dresdner, in Berlin glanzvoll debütierte. Es gehört zu den Paradoxen seiner literarischen Erscheinung, dass der Sprecher der verlorenen Generation von Anfang an ein populärer Schriftsteller war. Er wurde von vielen gelesen und geliebt: von den großen und den kleinen Leuten, den einfachen und den anspruchsvollen, den langmütigen und den zornigen. Er war ein politischer Autor und gefürchteter Satiriker, aber zugleich der Verfasser zarter, melancholischer Verse. Eine Galionsfigur der Linken und doch schon bald ein Klassiker im Kinderzimmer.

Vieles an Kästner erscheint paradox. Er war ein Aufklärer voller Skepsis, ein Pessimist voller Hoffnung, ein Polemiker mit Weltschmerz im Herzen, ein witziger Melancholiker und ein streitbarer Moralist, ein Mann aus dem Volk mit Gentleman-Manieren. Und paradox war auch, dass Kästner, ein wahrhafter „Volksschriftsteller", in Deutschland zwölf Jahre lang verfemt und verboten war. Seinen dauernden Platz in der deutschen Literatur sichern ihm seine Kinderbücher, der Roman *Fabian*, vor allem aber die Gedichte, die er zwischen 1927 und 1933 schrieb, in den Jahren einer sich auflösenden Weimarer Republik. Einige dieser Gedichte sind kanonisch geworden, zitierfähig, fester Besitz: etwa das *Land, wo die Kanonen blühen*, die *Sachliche Romanze*, die *Fan-*

*tasie von übermorgen* und das Anti-Kriegsgedicht *Stimmen aus dem Massengrab*. Oder das unvergessliche Gedicht, das mit den Versen beginnt: „Und immer wieder schickt ihr mir Briefe, / in denen ihr, dick unterstrichen, schreibt: / ‚Herr Kästner, wo bleibt das Positive?' / Ja, weiß der Teufel, wo das bleibt."

Kästner verstand sich als „Gebrauchslyriker" und erläuterte den Begriff so: „Es ist wirklich keine Schande, Verse zu schreiben, die den Zeitgenossen begreiflich erscheinen. Die ‚reinen' Dichter dichten Konservenlyrik, nur zum Aufheben, für die Ewigkeit und für noch spätere Doktorarbeiten. Die Gebrauchslyriker schreiben aber für heute. In die Literaturgeschichte vom Jahr 2400 einzugehen, ist halb so wichtig."

Kästner griff in seinen Gedichten die Themen der Zeit auf, sprach vom Leben in der modernen Großstadt, von Lust und Laster, der Arbeitslosigkeit der vielen und der Hilf- und Ausweglosigkeit des Einzelnen. Rückblickend schrieb er: „Ich kritisierte die politischen Parteien, die Regierungen, die Dummheit, den Dünkel, die Bürokratie, die Kunstmoden, das Theaterleben, die Snobs, die Justiz, die Banken und Konzerne, die Gesellschaft und, gelegentlich, das schöne Geschlecht."

Kästner traf den nüchternen, saloppen Ton der Zeit, Alltagsjargon und Modephrasen, die er virtuos in den melodischen Fluss der Verse band, ein Meister der knappen Fügung und treffsicheren Pointe von untrüglichem Formbewusstsein. Es ist jenes unverwechselbare sachlich-lyrische Kästner-Parlando mit dem Sinn für lässiges

Understatement und für Timing und Tempo, das bis heute nichts an Frische eingebüßt hat. Es gab aber Kritiker, die Einwände formulierten. Walter Benjamin etwa mit seinem viel zitierten Vorwurf „linker Melancholie", hinter dem vielleicht ein persönliches Ressentiment stand. Robert Neumann parodierte eines von Kästners Muttergedichten. Mit sicherem Instinkt fand er die weiche Stelle bei Kästner: das Verhältnis zur Mutter, die für ihn in aller Libertinage der Lebensführung – oder *wegen* dieser Libertinage, die ihn insgeheim entsetzte – der wichtigste Bezugspunkt blieb. Neumann fand die geniale Formel für Kästner, als er schrieb: „Halb ein Bürgerschreck und halb ein erschrockener Bürger."

Kästner wollte kein Schöngeist, sondern ein Schulmeister sein, ein Lehrer, ein Erzieher der Menschheit, wie der lebenslang verehrte Lessing. Sein Selbstporträt hat er vor dem PEN-Club in Zürich gegeben, in der dritten Person: „Betrachtet man seine Arbeiten – vom Bilderbuch bis zum verfänglichsten Gedicht – unter diesem Gesichtspunkte, so geht die Rechnung ohne Bruch auf. Er ist ein Moralist. Er ist ein Rationalist. Er ist ein Urenkel der deutschen Aufklärung, spinnefeind der unechten ‚Tiefe', die im Lande der Dichter und Denker nie aus der Mode kommt, untertan und zugetan den drei unveräußerlichen Forderungen: nach der Aufrichtigkeit des Empfindens, nach der Klarheit des Denkens und nach der Einfachheit in Wort und Satz."

Gründlich, wie er war, begann der Schulmeister Kästner bei den Kindern. In seinen „erwachsenen" Büchern kämpfte er gegen die Trägheit der Herzen und die Unbelehrbarkeit der Köpfe, doch wie ein neuer Don Quijote auf verlorenem Posten. In seinen Kinderbüchern schrieb er mit Zärtlichkeit und sanftem Witz. In der *Ansprache zum Schulbeginn* mahnte er: „Lasst euch die Kindheit nicht austreiben! Schaut, die meisten Menschen legen ihre Kindheit ab wie einen alten Hut." Er hat den Gedanken auch in Verse gebracht, schärfer und bitterer: „Doch die Bosheit ist unheilbar, / und die Güte stirbt als Kind."

Im Januar 1933 kam Hitler an die Macht. Drei Monate später wurden in Deutschland Bücher verbrannt, und Kästners Bücher gehörten zu den ersten. Er selbst sah zu, wie sie auf dem Opernplatz in Berlin, vor den Standbildern der Brüder Humboldt, ins Feuer geworfen wurden. Trotzdem blieb er in Deutschland, überlebte die Jahre des Dritten Reiches, lavierte sich durch. Warum ging er nicht ins Exil? Vermutlich kam mehreres zusammen: die Sohnespflicht, der Wille zur Zeugenschaft, nicht zuletzt eine verletzliche Heimatliebe: „Ich bin ein Deutscher aus Dresden in Sachsen, / mich lässt die Heimat nicht fort. / Ich bin wie ein Baum, der, in Deutschland gewachsen, / wenn's sein muss, in Deutschland verdorrt."

Als der Krieg zu Ende war, schrieb Kästner nach zwölf Jahren Schweigen seinen ersten Artikel „für deutsche Leser". Er wurde Feuilletonchef der *Neuen Zeitung* in München, wohl das beste Blatt der frühen Nachkriegszeit. Alfred Andersch, gerade aus amerikanischer Kriegsgefangenschaft heimgekehrt, war sein Assistent und hat ihn in einem Text von 1946 beschrieben: „Dieser Kästner ist – eine Seltenheit im deutschen Sprachraum – ein voltairianischer Geist. Das geht bis zur physiognomischen Ähnlichkeit in der schmalen, etwas skurril-unheimlichen Gestalt, in dem scharfzügigen Gesicht, im ironischen Witz des Gesprächs." Kästners *Neue Zeitung* wurde zu einer der wichtigsten Schulen des (west)deutschen Nachkriegsjournalismus. Imponierend die Namensliste der Autoren, die er als Mitarbeiter gewann und deren Texte er drucken ließ. Er selber schrieb weiterhin „Gebrauchstexte", half bei der Gründung eines Kabaretts und kümmerte sich um den „täglichen Kram": „Wer jetzt Luftschlösser baut, statt Schutt wegzuräumen, gehört vom Schicksal übers Knie gelegt. Das gilt übrigens nicht nur für die Schriftsteller."

Aber dann verließ er die *Neue Zeitung* doch wieder, und das Kabarett überlebte die Währungsreform nicht. Kästner, voll Bitterkeit, erkannte die Zeichen der Zeit: Aus der Demontage wurde eine neue Montage, aus der Abrüstung eine neue Aufrüstung, aus dem heißen Krieg ein Kalter Krieg. Hatte Andersch recht mit der Feststellung, Kästner habe schon resigniert, bevor er zu schreiben beginne? Sein politisches Sensorium jedenfalls blieb empfindlich. Allen Enttäuschungen zum Trotz hielt er sich an die Maxime: „Resignation ist kein Gesichtspunkt", auch wenn er hinzufügte: „Eine löbliche Maxime, doch mitunter fällt es schwer, sie angesichts des Welttheaters zu beherzigen." Und er zitierte Strindbergs Worte aus dem *Traumspiel*: „Es ist schade um den Menschen."

Kästner starb im Juli 1974, im Alter von fünfundsiebzig Jahren. „Ein Autor mit vielen Gesichtern", wie der junge Enzensberger schrieb. Und doch ist er, bei aller Vielseitigkeit, in jeder Zeile, die er schrieb, unverwechselbar der Gleiche: „gescheit und trotzdem tapfer", um es mit seinen eigenen Worten zu sagen. Den großen Poeten des Jahrhunderts hat man ihn selten zugerechnet, und zwischen so eminenten Zeitgenossen wie Benn, Brecht oder Ernst Jünger, zwischen den Magiern, Heilsbringern und Heroen der Literatur, hatte er von je einen schweren Stand. Dafür hat er deren kaum weniger eminente Irrtümer nicht geteilt und ebenso wenig alles anmaßende Geniewesen und -unwesen. Nach dem „Bleibenden" des Werks braucht man heute nicht mehr zu fragen. Es hat dem Verfall widerstanden, strahlt in einem hellen, klaren, nüchternen Licht und ist bis heute populär. Emil Tischbein schließt noch immer Freundschaft mit lesenden Kindern, der ratlose Moralist Fabian ist ein Zeitgenosse geblieben, vergeblich fragt man, wo das Positive bleibt, und immer noch und unverderblich gilt der poetische Imperativ: „Es gibt nichts Gutes, / außer: Man tut es."

*Hanjo Kesting*

Wird's besser?
Wird's schlimmer?

### Doppelter Saldo
Aus den „Lehrsätzen des armen Mannes"

Die einen, die immer Geld verdienen,
haben zum Ausgeben niemals Zeit.
Und wir sagen im Chor mit ihnen:
Es gibt eben keine Gerechtigkeit.

Die andern, die niemals Geld verdienen,
haben zum Ausgeben immer Zeit.
Und wir sagen im Chor mit ihnen:
Es gibt eben keine Gerechtigkeit.

### Trost
Stirb nicht im Grimm!
Sage dir immer:
Zu früh sterben ist schlimm,
zu spät geboren werden ist schlimmer.

### Von Mord und Totschlag
Denkt ans fünfte Gebot:
Schlagt eure Zeit nicht tot!

### Das Verhängnis
Das ist das Verhängnis:
Zwischen Empfängnis
und Leichenbegängnis
nichts als Bedrängnis.


### Eine Feststellung
Wir haben's schwer.
Denn wir wissen nur ungefähr,
woher,
jedoch die Frommen
wissen gar, wohin wir kommen!

Wer glaubt, weiß mehr.

## Alte Frau auf dem Friedhof

Sie scheint auf den Tod zu warten.
Täglich kommt sie hierher
und sitzt bis zum Abend im Garten,
als ob sie zu Hause wär.

Sie kennt alle Leichensteine.
Sie kennt jeden Gitterstab.
Und sie hockt bis zum Abend alleine
an ihrem eigenen Grab.

Dunkle Choräle verwehen.
Weinende Menschen stehn
vor frischen Gräbern und gehen
ergriffen durch graue Alleen.

Die Alte sitzt unbeweglich.
Sie ist nicht schlimm und nicht fromm.
Sie hockt und schweigt, und täglich
betet sie: „Tod, nun komm!"

# Dem Revolutionär Jesus zum Geburtstag

Zweitausend Jahre sind es fast,
seit du die Welt verlassen hast,
du Opferlamm des Lebens!
Du gabst den Armen ihren Gott.
Du littest durch der Reichen Spott.
Du tatest es vergebens!

Du sahst Gewalt und Polizei.
Du wolltest alle Menschen frei
und Frieden auf der Erde.
Du wusstest, wie das Elend tut,
und wolltest alle Menschen gut,
damit es schöner werde!

Du warst ein Revolutionär
und machtest dir das Leben schwer
mit Schiebern und Gelehrten.
Du hast die Freiheit stets beschützt
und doch den Menschen nichts genützt.
Du kamst an die Verkehrten!

Du kämpftest tapfer gegen sie
und gegen Staat und Industrie
und die gesamte Meute.
Bis man an dir, weil nichts verfing,
Justizmord, kurzerhand, beging.
Es war genau wie heute.

Die Menschen wurden nicht gescheit.
Am wenigsten die Christenheit,
trotz allem Händefalten.
Du hattest sie vergeblich lieb.
Du starbst umsonst. Und alles blieb
beim alten.

Die Sonne schien, als ob sie wer bezahle.
Und der Dezember hielt sich für den Mai.
Man saß im Freien wie in einem Saale.
Die Blumen blühten schon zum zweiten Male.
Europa war die größte Gärtnerei.

Das war ein Wetter wie für Badehosen!
Und nur den Kohlenhändlern wurde kalt.
Die Feiertage dufteten nach Rosen.
Und so marschierten alle Arbeitslosen
mit ihren Kindern in den grünen Wald.

Es sah fast aus wie eine Sommerreise.
Sogar die kleinsten Kinder froren kaum.
Im Walde bildete man später Kreise
und stand versonnen und familienweise
rings um je einen echten Weihnachtsbaum.

Man war sehr fröhlich, und man hüpfte Reigen.
Ein Greis beschrieb, wie Gänsebraten schmeckt.
Es nahten Rehe, um sich zu verneigen.
Die Vögel saßen schimmernd in den Zweigen
und wirkten, auf Entfernung, wie Konfekt.

Es war nur schade, dass man sich nichts schenkte.
Doch da die Kinder lauter Sonne sahn,
kam es, dass sie kein Herzeleid bedrängte.
In ein paar Bäumen baumelten Erhängte,
mit weißen Köpfen, wie aus Marzipan.

Am Abend, als die Nebel niedersanken,
erschien im Tannenwald Herr Müller-Franken
und sprach: „Die Witterung ist einzig der
Bemühung der Regierung zu verdanken."
Da lachten alle. Und da weinte er.

(Anmerkung: Hermann Müller-Franken, Sozialdemokrat,
war von 1928–1930 Reichskanzler)

## Lob des Einschlafens

Man gähnt vergnügt und löscht die Lampen aus.
Nur auf der Straße ist noch etwas Licht.
Man legt sich nieder. Doch man schläft noch nicht.
Der Herr von nebenan kommt erst nach Haus.
Man hört, wie er mit einer Dame spricht.

Nun klappt man seine Augendeckel zu,
und vor den Augen tanzen tausend Ringe.
Man denkt noch rasch an Geld und solche Dinge.
Im Nebenzimmer knarrt ein kleiner Schuh.
Wenn doch die Dame in Pantoffeln ginge!

Man legt den Kopf auf lauter kühle Kissen
und lächelt in den dunklen Raum hinein.
Wie schön das ist: Am Abend müde sein
und schlafen dürfen und von gar nichts wissen!
Und alle Sorgen sind wie Zwerge klein.

Der Herr von nebenan ist froh und munter.
Es klingt, als ob er ohne Anlass lacht.
Man hebt die Lider schwer und senkt sie sacht,
und schließt die Augen – und die Welt geht unter!
Dann sagt man sich persönlich Gute Nacht.

Wenn bloß der Schwarze dieses Mal nicht käme!
Es steigt ins Bett und macht sich darin breit,
und geht erst wieder, wenn man furchtbar schreit.
Man wünscht sich Träume, aber angenehme,
und für Gespenster hat man keine Zeit.

Man war einmal ein Kind, ist das auch wahr? –
Und sagte mühelos: „Mein Herz ist rein."
Das würde heute nicht mehr möglich sein.
Es geht auch so, auf eigene Gefahr …
Man zählt bis dreiundsiebzig. Und schläft ein.

## Und wo bleibt das Positive, Herr Kästner?

Und immer wieder schickt ihr mir Briefe,
in denen ihr, dick unterstrichen, schreibt:
„Herr Kästner, wo bleibt das Positive?"
Ja, weiß der Teufel, wo das bleibt.

Noch immer räumt ihr dem Guten und Schönen
den leeren Platz überm Sofa ein.
Ihr wollt euch noch immer nicht dran gewöhnen,
gescheit und trotzdem tapfer zu sein.

Ihr braucht schon wieder mal Vaseline,
mit der ihr das trockne Brot beschmiert.
Ihr sagt schon wieder, mit gläubiger Miene:
„Der siebente Himmel wird frisch tapeziert!"

Ihr streut euch Zucker über die Schmerzen
und denkt, unter Zucker verschwänden sie.
Ihr baut schon wieder Balkons vor die Herzen
und nehmt die strampelnde Seele aufs Knie.

Die Spezies Mensch ging aus dem Leime
und mit ihr Haus und Staat und Welt.
Ihr wünscht, dass ich's hübsch zusammenreime,
und denkt, dass es dann zusammenhält?

Ich will nicht schwindeln. Ich werde nicht schwindeln.
Die Zeit ist schwarz, ich mach euch nichts weis.
Es gibt genug Lieferanten von Windeln.
Und manche liefern zum Selbstkostenpreis.

Habt Sonne in sämtlichen Körperteilen,
und wickelt die Sorgen in Seidenpapier!
Doch tut es rasch. Ihr müsst euch beeilen.
Sonst werden die Sorgen größer als ihr.

Die Zeit liegt im Sterben. Bald wird sie begraben.
Im Osten zimmern sie schon den Sarg.
Ihr möchtet gern euren Spaß dran haben? …
Ein Friedhof ist kein Lunapark.

## Das Herz im Spiegel

Der Arzt notierte eine Zahl.
Er war ein gründlicher Mann.
Dann sprach er streng: „Ich durchleuchte Sie mal",
und schleppte mich nebenan.

Hier wurde ich zwischen kaltem Metall
zum Foltern aufgestellt.
Der Raum war finster wie ein Stall
und außerhalb der Welt.

Dann knisterte das Röntgenlicht.
Der Leuchtschirm wurde hell.
Und der Doktor sah mit ernstem Gesicht
mir quer durchs Rippenfell.

Der Leuchtschirm war seine Staffelei.
Ich stand vor Ergriffenheit stramm.
Er zeichnete eifrig und sagte, das sei
mein Orthodiagramm.

Dann brachte er ganz feierlich
einen Spiegel und zeigte mir den
und sprach: „In dem Spiegel können Sie sich
Ihr Wurzelwerk ansehn."

Ich sah, wobei er mir alles beschrieb,
meine Anatomie bei Gebrauch.
Ich sah mein Zwerchfell im Betrieb
und die atmenden Rippen auch.

Und zwischen den Rippen schlug sonderbar
ein schattenhaftes Gewächs.
Das war mein Herz! Es glich aufs Haar
einem zuckenden Tintenklecks.

Ich muss gestehn, ich war verstört.
Ich stand zu Stein erstarrt.
Das war mein Herz, das dir gehört,
geliebte Hildegard?

Lass uns vergessen, was geschah,
und mich ins Kloster gehn.
Wer nie sein Herz im Spiegel sah,
der kann das nicht verstehn.

Kind, das Vernünftigste wird sein,
dass du mich rasch vergisst,
weil so ein Herz wie meins
kein Geschenkartikel ist.

## Das Führerproblem, genetisch betrachtet

Als Gott am ersten Wochenende
die Welt besah, und siehe, sie war gut,
da rieb er sich vergnügt die Hände.
Ihn packte eine Art von Übermut.

Er blickte stolz auf seine Erde
und sah Tuberkeln, Standard Oil und Waffen.
Da kam aus Deutschland die Beschwerde:
„Du hast versäumt, uns Führer zu erschaffen!"

Gott war bestürzt. Man kann's verstehn.
„Mein liebes deutsches Volk", schrieb er zurück,
„es muss halt ohne Führer gehn.
Die Schöpfung ist vorbei. Grüß Gott. Viel Glück."

Nun standen wir mit ohne da,
der Weltgeschichte freundlichst überlassen.
Und: Alles, was seitdem geschah,
ist ohne diesen Hinweis nicht zu fassen.

## Kleiner Rat für Damokles

Schau prüfend deckenwärts!
Die Nähe des möglichen Schadens
liegt nicht in der Schärfe des Schwerts,
vielmehr in der Dünne des Fadens.

## Brief an meinen Sohn

Ich möchte endlich einen Jungen haben,
so klug und stark, wie Kinder heute sind.
Nur etwas fehlt mir noch zu diesem Knaben.
Mir fehlt nur noch die Mutter zu dem Kind.

Nicht jedes Fräulein kommt dafür in Frage.
Seit vielen Jahren such' ich schon.
Das Glück ist seltner als die Feiertage.
Und deine Mutter weiß noch nichts von uns, mein Sohn.

Doch eines schönen Tages wird's dich geben.
Ich freue mich schon heute sehr darauf.
Dann lernst du laufen, und dann lernst du leben,
und was daraus entsteht, heißt Lebenslauf.

Zu Anfang schreist du bloß und machst Gebärden,
bis du zu andern Taten übergehst,
bis du und deine Augen größer werden
und bis du das, was man verstehen muss, verstehst.

Wer zu verstehn beginnt, versteht nichts mehr.
Er starrt entgeistert auf das Welttheater.
Zu Anfang braucht ein Kind die Mutter sehr.
Doch wenn du größer wirst, brauchst du den Vater.

Ich will mit dir durch Kohlengruben gehn.
Ich will dir Parks mit Marmorvillen zeigen.
Du wirst mich anschaun und es nicht verstehn.
Ich werde dich belehren, Kind, und schweigen.

Ich will mit dir nach Vaux und Ypern reisen
und auf das Meer von weißen Kreuzen blicken.
Ich werde still sein und dir nichts beweisen.
Doch wenn du weinen wirst, mein Kind, dann will ich
nicken.

Ich will nicht reden, wie die Dinge liegen.
Ich will dir zeigen, wie die Sache steht.
Denn die Vernunft muss ganz von selber siegen.
Ich will dein Vater sein und kein Prophet.

## Die Entwicklung der Menschheit

Einst haben die Kerls auf den Bäumen gehockt,
behaart und mit böser Visage.
Dann hat man sie aus dem Urwald gelockt
und die Welt asphaltiert und aufgestockt,
bis zur dreißigsten Etage.

Da saßen sie nun, den Flöhen entflohn,
in zentralgeheizten Räumen.
Da sitzen sie nun am Telephon.
Und es herrscht noch genau derselbe Ton
wie seinerzeit auf den Bäumen.

Sie hören weit. Sie sehen fern.
Sie sind mit dem Weltall in Fühlung.
Sie putzen die Zähne. Sie atmen modern.
Die Erde ist ein gebildeter Stern
mit sehr viel Wasserspülung.

Sie schießen die Briefschaften durch ein Rohr.
Sie jagen und züchten Mikroben.
Sie versehn die Natur mit allem Komfort.
Sie fliegen steil in den Himmel empor
und bleiben zwei Wochen oben.

Was ihre Verdauung übriglässt,
das verarbeiten sie zu Watte.
Sie spalten Atome. Sie heilen Inzest.
Und sie stellen durch Stiluntersuchungen fest,
dass Cäsar Plattfüße hatte.

So haben sie mit dem Kopf und dem Mund
den Fortschritt der Menschheit geschaffen.
Doch davon mal abgesehen und
bei Lichte betrachtet sind sie im Grund
noch immer die alten Affen.

# Der Weihnachtsabend des Kellners

Aller Welt dreht er den Rücken,
und sein Blick geht zu Protest.
Und dann murmelt er beim Bücken:
„Ach, du liebes Weihnachtsfest!"

Im Lokal sind nur zwei Kunden.
(Fröhlich sehn die auch nicht aus.)
Und der Kellner zählt die Stunden.
Doch er darf noch nicht nach Haus.

Denn vielleicht kommt doch noch einer,
welcher keinen Christbaum hat,
und allein ist wie sonst keiner
in der feierlichen Stadt. –

Dann schon lieber Kellner bleiben
und zur Nacht nach Hause gehn,
als jetzt durch die Straßen treiben
und vor fremden Fenstern stehn!

## Sachliche Romanze

Als sie einander acht Jahre kannten
(und man darf sagen: sie kannten sich gut),
kam ihre Liebe plötzlich abhanden.
Wie andern Leuten ein Stock oder Hut.

Sie waren traurig, betrugen sich heiter,
versuchten Küsse, als ob nichts sei,
und sahen sich an und wussten nicht weiter.
Da weinte sie schließlich. Und er stand dabei.

Vom Fenster aus konnte man Schiffen winken.
Er sagte, es wäre schon Viertel nach vier
und Zeit, irgendwo Kaffee zu trinken.
Nebenan übte ein Mensch Klavier.

Sie gingen ins kleinste Café am Ort
und rührten in ihren Tassen.
Am Abend saßen sie immer noch dort.
Sie saßen allein, und sie sprachen kein Wort
und konnten es einfach nicht fassen.

Der erste Doktor sagte:
„Ihr Herz ist nach links erweitert."
Der zweite Doktor klagte:
„Ihr Herz ist nach rechts verbreitert."
Der dritte machte ein ernstes Gesicht
und sprach: „Herzerweiterung haben Sie nicht."
Na ja.

Der vierte Doktor klagte:
„Die Herzklappen sind auf dem Hund."
Der fünfte Doktor sagte:
„Die Klappen sind völlig gesund."
Der sechste machte die Augen groß
und sprach: „Sie leiden an Herzspitzenstoß."
Na ja.

Der siebente Doktor klagte:
„Die Herzkonfiguration ist mitral."
Der achte Doktor sagte:
„Ihr Röntgenbild ist durchaus normal."
Der neunte Doktor staunte und sprach:
„Ihr Herz geht dreiviertel Stunden nach."
Na ja.

Was nun der zehnte Doktor spricht,
das kann ich leider nicht sagen,
denn bei dem zehnten, da war ich noch nicht.
Ich werde ihn nächstens fragen.
Neun Diagnosen sind vielleicht schlecht,
aber die zehnte hat sicher recht.
Na ja.

Man weiß von vornherein, wie es verläuft.
Vor morgen früh wird man bestimmt nicht munter.
Und wenn man sich auch noch so sehr besäuft,
die Bitterkeit, die spült man nicht hinunter.

Die Trauer kommt und geht ganz ohne Grund.
Und man ist angefüllt mit nichts als Leere.
Man ist nicht krank. Und ist auch nicht gesund.
Es ist, als ob die Seele unwohl wäre.

Man will allein sein. Und auch wieder nicht.
Man hebt die Hand und möchte sich verprügeln.
Vorm Spiegel denkt man: „Das ist dein Gesicht?"
Ach, solche Falten kann kein Schneider bügeln!

Vielleicht hat man sich das Gemüt verrenkt?
Die Sterne ähneln plötzlich Sommersprossen.
Man ist nicht krank. Man fühlt sich nur gekränkt.
Und hält, was es auch sei, für ausgeschlossen.

Man möchte fort und findet kein Versteck.
Es wäre denn, man ließe sich begraben.
Wohin man blickt, entsteht ein dunkler Fleck.
Man möchte tot sein. Oder Urlaub haben.

### Mut zur Trauer

Sei traurig, wenn du traurig bist,
und steh nicht stets vor deiner Seele Posten!
Den Kopf, der dir ans Herz gewachsen ist,
wird's schon nicht kosten.

## Kleine Führung durch die Jugend

Und plötzlich steht man wieder in der Stadt,
in der die Eltern wohnen und die Lehrer
und andre, die man ganz vergessen hat.
Mit jedem Schritte fällt das Gehen schwerer.

Man sieht die Kirche, wo man sonntags sang.
(Man hat seitdem fast gar nicht mehr gesungen.)
Dort sind die Stufen, über die man sprang.
Man blickt hinüber. Es sind andre Jungen.

Der Fleischer Kurzhalt lehnt an seinem Haus.
Nun ist er alt. Man winkt ihm wie vor Jahren.
Er nickt zurück. Und sieht verwundert aus.
Man kennt ihn noch. Er ist sich nicht im klaren.

Dann fährt man Straßenbahn und hat viel Zeit.
Der Schaffner ruft die kommenden Stationen.
Es sind Stationen der Vergangenheit!
Man dachte, sie sei tot. Sie blieb hier wohnen.

Dann steigt man aus. Und zögert. Und erschrickt.
Der Wind steht still, und alle Wolken warten.
Man biegt um eine Ecke. Und erblickt
ein schwarzes Haus in einem kahlen Garten.

Das ist die Schule. Hier hat man gewohnt.
Im Schlafsaal brennen immer noch die Lichter.
Im Amselpark schwimmt immer noch der Mond.
Und an die Fenster pressen sich Gesichter.

Das Gitter blieb. Und nun steht man davor.
Und sieht dahinter neue Kinderherden.
Man fürchtet sich. Und legt den Kopf ans Tor.
(Es ist, als ob die Hosen kürzer werden.)

Hier floh man einst. Und wird jetzt wieder fliehn.
Was nützt der Mut? Hier wagt man nicht zu retten.
Man geht, denkt an die kleinen Eisenbetten
und fährt am besten wieder nach Berlin.

## Brief aus einem Herzbad

Wie geht es Dir? Es ist schon reichlich spät.
Der Doktor fände sicher, dass es schadet.
Das Pferd von Droschke 7, heißt es, badet.
Und selbst die Hunde leben hier diät.

Sogar der Luft entzieht man Koffein!
Das Atmen wird dadurch fast ungefährlich.
Es ist ja leider noch nicht ganz entbehrlich.
Wie einfach mir das Atmen früher schien …

Seit gestern nehm ich täglich zwölfmal ein.
Nichts einzunehmen, wäre das Verkehrtste.
Hier nehmen alle ein. Sogar die Ärzte!
Der eine soll so reich wie Morgan sein.

Das Schönste sind die kohlensauren Bäder.
Zehntausend Perlen sitzen auf der Haut.
Man ähnelt einer Wiese, wenn es taut.
Kann sein, es nützt. Das merkt man erst viel später.

Ich inhaliere auch. Das ist gesund.
Da sitzen Herren, meistens hochbejahrt,
mit Kinderlätzchen vor dem Rauschebart
und Porzellanzigarren fesch im Mund.

Des weiteren mach ich die Brunnenkur.
Das Wasser schmeckt wie Hering mit Lakritzen.
Und bleibt man, wie vom Blitz erschlagen, sitzen,
und die Kapelle schwelgt im „Troubadour".

Wer da nicht krank wird, darf für trotzig gelten.
Der Doktor Barthel untersucht mich oft,
weil er noch dies und das zu finden hofft.
Er ist der Chef. Wir sind die Angestellten.

Ich sehne mich nach einem Glase Bier.
Nach Dir natürlich auch. Doch ich muss baden.
Kneif Dich, in meinem Auftrag, in die Waden.
Was war denn noch? Ja so: Wie geht es Dir?

Weihnachten vergangnen Jahres
(17 Uhr präzise) war es:
Dass der liebe Gott nicht, wie gewöhnlich,
den Vertreter Ruprecht runterschickte,
sondern er besuchte uns persönlich.
Und erschrak, als er die Welt erblickte.

Er beschloss dann doch, sich aufzuraffen.
Schließlich hatte er uns ja geschaffen!
Und er schritt (bewacht von Detektiven
des bewährten Argus-Institutes,
die, wo er auch hinging, mit ihm liefen)
durch die Städte und tat nichts als Gutes.

Gott war nobel, sah nicht auf die Preise,
und er schenkte, dies nur beispielsweise,
den Ministersöhnen Dampfmaschinen
und den Kindern derer, die im Jahre
mehr als 60 000 Mark verdienen,
Autos, Boote – lauter prima Ware.

Derart reichten Gottes Geld und Kasse
abwärts bis zur zwölften Steuerklasse.
Doch dann folgte eine große Leere.
Und die Deutsche Bank gab zu bedenken,
dass sein Konto überzogen wäre.
Und so konnte er nichts weiter schenken.

Gott ist gut. Und weiß es. Und wahrscheinlich
war ihm die Geschichte äußerst peinlich.
Deshalb sprach er, etwa zehn Minuten,
zu drei sozialistisch eingestellten
Journalisten, die ihn interviewten,
von der Welt als bester aller Welten.

Und die Armen müssten nichts entbehren,
wenn es nur nicht so sehr viele wären.
Die Reporter nickten auf und nieder.
Und Gott brachte sie bis ans Portal.
Und sie fragten: „Kommen Sie bald wieder?"
Doch er sprach: „Es war das letzte Mal."

### Für Stammbuch und Stammtisch
Freunde, nur Mut!
Lächelt und sprecht:
„Die Menschen sind gut,
bloß die Leute sind schlecht."


### Aufforderung zur Bescheidenheit
Wie nun mal die Dinge liegen
und auch wenn es uns missfällt:
Menschen sind wie Eintagsfliegen
an den Fenstern dieser Welt.

Unterschiede sind fast keine,
und was wär auch schon dabei!
Nur die Fliege hat sechs Beine,
und der Mensch hat höchstens zwei.

Folgenschwere Verwechslung
Der Hinz und der Kunz
sind rechte Toren:
Lauschen offenen Munds,
statt mit offenen Ohren!

Der Gegenwart ins Gästebuch
Ein guter Mensch zu sein, gilt hierzulande
als Dummheit, wenn nicht gar als Schande.

Es ist nicht leicht, sie ohne Hass zu schildern,
und ganz unmöglich geht es ohne Hohn.
Sie haben Köpfe wie auf Abziehbildern
und, wo das Herz sein müsste, Telefon.

Sie wissen ganz genau, dass Kreise rund sind
und Invalidenbeine nur aus Holz.
Sie sprechen fließend, und aus diesem Grund sind
sie Tag und Nacht – auch sonntags – auf sich stolz.

In ihren Händen wird aus allem Ware.
In ihrer Seele brennt elektrisch Licht.
Sie messen auch das Unberechenbare.
Was sich nicht zählen lässt, das gibt es nicht!

Sie haben am Gehirn enorme Schwielen,
fast als benutzten sie es als Gesäß.
Sie werden rot, wenn sie mit Kindern spielen.
Die Liebe treiben sie programmgemäß.

Sie singen nie (nicht einmal im August)
ein hübsches Weihnachtslied auf offner Straße.
Sie sind nie froh und haben immer Lust
und denken, wenn sie denken, durch die Nase.

Sie loben unermüdlich unsre Zeit,
ganz als erhielten sie von ihr Tantiemen.
Ihr Intellekt liegt meistens doppelt breit.
Sie können sich nur noch zum Scheine schämen.

Sie haben Witz und können ihn nicht halten.
Sie wissen vieles, was sie nicht verstehn.
Man muss sie sehen, wenn sie Haare spalten!
Es ist, um an den Wänden hochzugehn.

Man sollte kleine Löcher in sie schießen!
Ihr letzter Schrei wär noch ein dernier cri.
Jedoch, sie haben viel zuviel Komplicen,
als dass sie sich von uns erschießen ließen.
Man trifft sie nie.

### Der schöpferische Irrtum

Irrtümer haben ihren Wert;
jedoch nur hie und da.
Nicht jeder, der nach Indien fährt,
entdeckt Amerika.


### Damentoast im Obstgarten

Casanova sprach lächelnd zu seinen Gästen:
„Mit den Frauen ist es,
ich hoffe, ihr wisst es,
wie mit den Äpfeln rings an den Ästen.
Die schönsten schmecken nicht immer am besten."


### Lebensbeschreibung einer Maniküre
#### Heinrich Heine gewidmet

Sie war eins der reizendsten Dinger
und gar keine Dame von Stand.
Man gab ihr den kleinen Finger,
und sie nahm die ganze Hand.

### Sokrates zugeeignet

Es ist schon so: Die Fragen sind es,
aus denen das, was bleibt, entsteht.
Denkt an die Frage jenes Kindes:
„Was tut der Wind, wenn er nicht weht?"


### Neues vom Tage

Da hilft kein Zorn. Da hilft kein Spott.
Da hilft kein Weinen, hilft kein Beten.
Die Nachricht stimmt! Der Liebe Gott
ist aus der Kirche ausgetreten.

## Karriere?

Es gibt da eine Sorte junge Damen,
die haben nichts, als etwas anzuziehn.
Sie tragen reichlich parfümierte Namen
und sind aus – oder wollen nach – Berlin.

Sie sitzen ohne Appetit zu Haus.
Sie können nicht mehr, nur noch künstlich, lachen.
Da ziehen sie sich an und gehen aus
und wollen eiligst Karriere machen.

Sie denken sich die Sache ziemlich leicht
und gehn, um keine Zeit mehr zu verlieren,
den Weg, auf dem man heute viel erreicht,
das heißt: sie lassen sich fotografieren.

Man bringt sie dann in Fotokästen unter.
Sie hängen zwischen Schaljapin und Solf.
Sie sehn entzückend aus, und es steht drunter
„Ramona Silvaré beim Golf".

Sie lächeln uns aus jedem Magazine,
auf Kunstdruckblättern, gut getroffen an.
„Ramona in der kleinsten Flugmaschine."
Die Leute staunen, was Ramona kann.

Als hätte sie nie anderes getan,
sieht man sie lächelnd an Volant und Steuer.
In Wirklichkeit fährt sie bloß Straßenbahn.
Und oft ist ihr auch dieses noch zu teuer.

Sie lächeln auch aus allen Modeheften
und tragen Samt und Seal und Crêpe de chine.
Doch das gehört ja alles den Geschäften!
Ramona selbst hat wenig anzuziehn.

So lächelt ihr euch Löcher in die Backen.
Es ist ja möglich, dass es Grübchen sind.
Doch echten Perlenschmuck und Zobeljacken
erwirbt man nicht mit Lächeln, liebes Kind.

Ein hübscher Kopf ist fraglos ein Talent.
Und nichts spricht gegen einwandfreie Beine.
Doch das alleine? Nichts als das alleine
ist etwas wenig, falls ihr sonst nichts könnt.

Was nützen Fotos in den Magazinen?
Was soll das Lächeln und das ganze Drum und Dran,
wenn man sich schließlich kaum zwei Apfelsinen,
obwohl man gerne möchte, kaufen kann?

Der Frühling gießt den Regen durch ein Sieb.
Die Veilchen stehen Hand in Hand und flennen.
Wenn die erst wüssten, was mir Dora schrieb.
Sie sei zwar äußerst sparsam im Betrieb.
Doch trotzdem müssten wir uns, meint sie, trennen.

Die Bäume sind nur, wenn man hinschaut, kahl.
Die Straße blüht, als wär's zum erstenmal.
Was alles grün ist! Selbst die Autotaxen.
Ich lass mir keine grauen Haare wachsen.
Für so etwas ist meine Brust zu schmal.

Der Regen regnet fast wie dünner Zwirn.
Der liebe Gott näht Blumen auf den Rasen.
Ich hätte Rheumatismus im Gehirn
und eine, schreibt sie mir, plissierte Stirn.
„Und meine Seele lief sich bei dir Blasen."

Herr Ober, bitte eine andre Frau!
Ein Glück, dass Frühling wird. Die Luft weht lau.
Und von den Wunden spürt man bloß die Narbe.
Die Welt war grau, und Grau ist keine Farbe.
Jetzt sind sogar die schwarzen Wolken blau.

Die Blumen blühn, und keiner kennt den Grund.
Man atmet dreimal tief und ist gesund.
Ich kann nur sagen: „Ora et labora!"
Ich ärgre mich nicht weiter über Dora
und kaufe mir am Ersten einen Hund.

Nanu, da ist ja schon der Lietzensee.
Jetzt geh ich heim und koche mir Kaffee
und fress ihn ganz allein, den guten Kuchen.
Paul hat im Kino kostenlos Entree.
Den könnte ich zum Abendbrot besuchen …

Wieso warum?

Warum sind tausend Kilo eine Tonne?
Warum ist dreimal Drei nicht Sieben?
Warum dreht sich die Erde um die Sonne?
Warum heißt Erna Erna statt Yvonne?
Und warum hat das Luder nicht geschrieben?

Warum ist Professoren alles klar?
Warum ist schwarzer Schlips zum Frack verboten?
Warum erfährt man nie, wie alles war?
Warum bleibt Gott grundsätzlich unsichtbar?
Und warum reißen alte Herren Zoten?

Warum darf man sein Geld nicht selber machen?
Warum bringt man sich nicht zuweilen um?
Warum trägt man im Winter Wintersachen?
Warum darf man, wenn jemand stirbt, nicht lachen?
Und warum fragt der Mensch bei jedem Quark: Warum?

Wenn sich das Reichsjustizministerium entschließen würde, größere Sensationsprozesse in den Abendstunden und in besonders großen Sälen zu verhandeln, könnten mehrere Theater zumachen. Es wird nämlich – seit Wallace' „Hexer", nach dem Gesetz der Serie – Sitte, Prozess- und Kriminalstücke aufzuführen, bei deren Besuch das Publikum keine anderen Sorgen hat, als sich und die Nachbarn zu fragen: Wer ist der Mörder? Ist die Leiche auch wirklich tot? Wer kommt denn da aus der Falltüre? Ist der Staatsanwalt oder der Rechtsanwalt das gefährlichere Subjekt?

Im „Prozess Mary Dugan" von Baillard Veiler (Berliner Theater) ist der Rechtsanwalt der Mörder. Diese Art Stücke sind nach dem durchsichtigen Rezept getätigt: Angeklagte sind unschuldig; Juristen sind verdächtig; Detektive sind Verbrecher; Verbrecher sind Detektive. Man kann gar nicht fehlgehen. – Trotzdem behält man Spannung. In den Pausen bleibt die Bühne offen; Reinemachefrauen wischen Staub; das Publikum (im Stück) vertritt sich die Beine ein bisschen und frühstückt; der Kanzlist des Staatsanwaltes holt die Thermosflasche aus der Aktenmappe. In den Pausen füllt das wirkliche Publikum, nach bekannten Mustern, Fragebögen aus: Wen es für den Mörder hält und warum. Gewinner zahlen das nächstemal halbe Preise.

Mary Dugan, die Angeklagte, ist ein braves Mädchen.

Und sogar der freien Liebe huldigte sie nur, damit vom erliebten Gelde der kleine Bruder studieren konnte. Er kommt, von weither, zur Verhandlung, übernimmt die Verteidigung und entlarvt den Verteidiger Nr. 1 als den Mörder. Wenn der Autor diesen nicht als Linkshänder geboren hätte, wäre das unmöglich. Aber der Autor hat ihn. Künstliche Voraussetzungen gestatten eine natürliche Auflösung.

Die Hauptdarsteller Lucie Mannheim, Paul Ott, Homolka und Brausewetter spielen hervorragend. Wirkliche Angeklagte und Rechtsanwälte könnten hier manches zulernen. Vielleicht lassen sich Gastspiele in den größeren Zuchthäusern des Reiches ermöglichen? – Das Reizvollste solcher Stücke werden die richtigen Prozesse freilich nie erreichen: das Ungefährliche der Morde, das Harmlose der Justizirrtümer, das Spiel mit der Wirklichkeit.

Im Lessingtheater wird eine groteske Kriminalkomödie gegeben: „Nr. 27" von Jefferson Farison. Die Kriminalkomödie wird also schon verulkt. Doch, ein ernst gemeintes Stück der Art zu schreiben ist einfacher, als den Typus zu verspotten. Es ist dem Autor auch nicht geglückt. Er erfindet ein leerstehendes unheimliches Haus, etwa Whitechapel. Und da spielen sich nun nachts die seltsamsten Dinge ab. Unentwegt kommen neue Besucher in die grauenhafte Bude, unter der dröhnend die Untergrundbahn fährt. Ein gestohlenes Diamantenkollier ist der Hauptgegenstand, und ein stellungsloser Matrose (Paul Graetz) ist die famose Hauptperson. Im übrigen wimmelt es von Falltüren, Dachluken, Klingeln, Handschellen, Revolvern, Wandschränken und Stichworten. Niemand findet sich durch. Wer die Pistole zuerst heraus hat, knebelt die anderen, bis deren Freunde eintreffen. Dann hält er die Hände hoch. Bis seine Freunde eintreffen. Man kommt aus dem Entlarven überhaupt nicht heraus. Jeder hat zehn Masken vorgebunden, die ihm, Stück für Stück, abgerissen werden. Zum Schluss siegt – es ist ein groteskes Spiel – die Gerechtigkeit.

Die Komödie ist darauf angelegt, Grauen zu erregen. Das gelingt. Außerdem tolpatscht der ängstliche, quasselige Matrose herum und erzeugt Gelächter. Lustiges Gruseln wird also hervorgerufen. Eine neue nette Mischung. Schade, dass die Handlung so gänzlich sinnlos und verworren ist. Kriminalstücke lassen sich nur mit den Mitteln der Logik und Pseudologik parodieren, nicht durch Tohuwabohu.

Schon ist ein neues Kriminalstück angekündigt. Es heißt, um Missverständnisse zu vermeiden: „Verbrechen". Da wollen wir also wieder mal einen Verbrecher suchen helfen. Er soll sich vorsehen. Wir wissen jetzt, wie sich die Mörder und Diebe verkleiden. Conan Doyle ist ein Laie gegen uns. Die Theatersaison hat uns, alle, wie wir sind, zu Detektiven gemacht. Kriminalistik ist der Nebenberuf des Theaterbesuchers geworden.

Strafen auf Waffenbesitz und Amnestie bei Waffenablieferung hatten mehrfach miteinander abgewechselt. Anlässlich der Amnestie Anfang des Jahres 1947 erschien eine Statistik. Mit ihr befasst sich diese Glosse.

## Abrüstung in Bayern

Als Scipio Aemilianus im Jahre 146 v. Chr. Karthago besiegt hatte, wurde die gewaltige Stadt samt ihren Einwohnern von den Römern kurzerhand verlagert. Fort von der Küste des Mittelmeers, landeinwärts. Weitere Punische Kriege sind, wie jeder Gymnasiast freudig bestätigen wird, seitdem nicht mehr vorgekommen. Karthago spielte nie wieder eine politische Rolle. Die „Abrüstung" war hundertprozentig geglückt.

Heutzutage ist so etwas viel schwieriger. Unter anderem schon deshalb, weil man damals ja nur neue Punische Kriege verhindern wollte und nicht, wie nun, den Krieg überhaupt. Ob das möglich sein oder ob es in aller Welt auch nur ehrlich gewünscht wird, kann unsereins als politischer Laie in keiner Weise beurteilen. Der Laie sieht in der Herbeiführung eines Weltfriedens gar kein Problem. Vermutlich ist er farbenblind. Er versteht nicht, worin denn bloß in Zukunft der Sinn und der Zweck großer militärischer Auseinandersetzungen noch liegen könnte, wenn doch hinterdrein, wie diesmal schon, sämtliche Beteiligten frieren, hungern und im Dunkeln sitzen! (Von wichtigeren Dingen, die dann fehlen, ganz zu schweigen.)

Andererseits, bei Raufereien, soweit sie nicht in geschlossenen Staatsverbänden, sondern in engerem Kreise stattfinden, haben ja zum Schluss auch sämtliche Kursusteilnehmer blutige Köpfe, zerfetzte Jacken und zerbrochene Bierkrüge – und trotzdem wird sich eine kräftesparendere Methode, den Angreifer friedliebend zu stimmen, schon hier schwer einbürgern lassen. Wie gesagt, dem Laien muss wohl der sechste, siebente oder achte Sinn fehlen. Er ist zu unkompliziert. Doch zurück zu den Abrüstungsplänen im weiter gespannten Rahmen. Die Siegerstaaten versuchten bereits die ersten hoffnungsvollen Beispiele guten Willens zu geben, indem sie viele ihrer Marschälle, Admirale und Generäle zu Ministern, Botschaftern und anderen Zivilbeamten umernannten, militärisch also gewissermaßen aus dem Verkehr zogen. Andererseits ist es nur logisch, dass die Abrüstung bei den besiegten Herausforderern des Unheils, bei uns, noch energischer angepackt wurde. Man sprengte Waffenlager. Man versenkte Schiffe. Rüstungsindustrien wurden vernichtet. Zuweilen kam dem Laien der Gedanke, man hätte das eine oder andere Werk vielleicht nicht sprengen sollen. Denn was alles ist nicht schon in die Luft geflogen, als noch Krieg war! Und womöglich hätte man daraus Fabriken machen können, in denen Öfen, Waggons, Töpfe, Tiegel, Löffel und Streichhölzer herzustellen gewesen wären?

Doch wahrscheinlich hat der Laie wieder einmal unrecht. Die Erfinder unserer geheimen Kriegswaffen selber konnte man an Ort und Stelle sicher nicht so ohne weiteres verwandeln, und so tat man, damit sie hier kein Malheur stiften, etwas recht Vernünftiges: Man lud sie rasch in andere Länder ein. Dort wird man sie fraglos leichter in friedliche Erfinder umarbeiten können. Ach, es gibt ja so viele Möglichkeiten! So viele zukunftweisende Artikel! Ich denke da nur an den Löffel, der, wenn man ihn in die Suppe tunkt, notfalls rufen kann: „Vorsicht, zu heiß!" (Dies wirklich nur am Rande erzählt, als kleine Anregung.)

Eine sehr dringliche Maßnahme war die Erfassung all jener Hieb-, Stich- und Schusswaffen, die sich bei Kriegsende zunächst noch in privater Hand befanden. Um die Ablieferung zu beschleunigen, verschärfte man die andernfalls zu gewärtigenden Strafen. Und um das hierdurch erreichte Resultat noch einmal zu steigern, erließ man kürzlich eine befristete Amnestie. Über deren Ergebnis liegen die ersten Zahlen vor. So wurden beispielsweise der Bayerischen Landespolizei bis zum 17. Februar 1700 Seitenwaffen, 570 Jagdgewehre, 1000 Gewehre und 1000 Pistolen ausgehändigt. Außerdem 20 Maschinenpistolen und 20 Maschinengewehre. Dem Laien ist, wie so oft, auch hier wieder etwas nicht ganz klar. Wollten sich die zwanzig Leute die Maschinengewehre eines Tages zur Erinnerung an große Zeiten übers Sofa hängen? Oder hielten sie die Dinger für fahrbare Ofenrohre? Die Ausbeute war aber noch bunter! Laut DENA wurden allen Ernstes überdies ein Torpedo, 21 Geschütze und drei veritable Panzer abgegeben! Das sind Rekordernten, die an zwei Pfund schwere Ananaserdbeeren und dreißigpfündige Gartengurken erinnern. Und im Kopf des Lesers, der nicht zu den geborenen Waffensammlern gehört, türmen sich die Fragen. Wo, zum Beispiel, hebt man einen Panzer auf? In meiner Wohnung etwa ginge das gar nicht. Eher passte meine Wohnung in den Panzer! Und dann, wozu versteckt man, wenn man es nun schon zufällig auf dem Nachhauseweg finden sollte, ein Geschütz? Ich habe früher einmal im Nebenberuf mit 15-cm-Haubitzen zu tun gehabt – man hätte mir 1918 so ein Ding nachwerfen können, ich hätte es nicht genommen. Dazu die Angst: Wenn nun am Abend Schneiders zu Besuch kommen, und die Kanone steht im Vorsal, und es ist doch bei Strafe verboten … Man muss wohl sehr an seiner alten Waffengattung hängen, um sich mit einem mehrtonnigen Panzer oder einem Granatwerfer zu belasten! Und schließlich der Ärmste, der sich das Torpedo aufgehoben hatte! Er hat es wahrscheinlich nicht gleich abgeliefert, nur weil er nicht ausgelacht werden wollte. Das kann man verstehen. Denn in Schliersee oder Garmisch mit einem Torpedo durchs ganze Dort ziehen und sich als „Kapitän der reitenden Gebirgsmarine" anöden zu lassen, ist nicht jedermanns Sache. Nur, wie kam das Torpedo überhaupt einmal in sein Haus? Panzer und Kanonen können natürlich, wenn eine Armee sich auflöst, auch in Bayern plötzlich herrenlos herumstehen. Aber ein Torpedo?

Die Zählung und Sichtung der während der Amnestie abgelieferten Waffen ist noch nicht endgültig abgeschlossen. Es sind also noch weitere Überraschungen möglich. Leider wird die eine nicht darunter sein: dass die Gangsterbanden, die sich breit machen, am helllichten Tage Polizisten und Passanten über den Haufen knallen und sich auch sonst wie in Kriminalfilmen aufführen, die Amnestie wahrgenommen haben. Ihre Messer, Revolver und Maschinenpistolen wird sich die Polizei leider, Stück für Stück und Schuss um Schuss, persönlich bei den Besitzern abholen müssen.

Der Schwarzwald blühte immer üppiger. Ehrliche Arbeit lohnte immer weniger. Das Wort „auswandern" wurde zum epidemischen Verbum. Um durch Diskussion ein wenig Klarheit und Überblick zu schaffen, eröffnete ich mit dem folgenden Beitrag eine Umfrage. Meine etwas pastorale Haltung wurde mir in den Kreisen der schaffenden und unbeirrten Jugend sehr verübelt.

## Über das Auswandern

Am selben Tage, an dem, vor nun fast vierzehn Jahren, in Berlin das Reichstagsgebäude brannte, traf ich, aus Meran kommend, in Zürich ein, wohin mir ein deutscher Verleger entgegengereist war. Er gab mir den Rat, in der Schweiz zu bleiben; und einige Kollegen, die bereits emigriert waren, Anna Seghers befand sich unter ihnen, teilten seine Meinung. Die deutschen Zeitungsagenturen meldeten, die Kommunisten hätten den Reichstag angezündet. Uns allen war klar, das es sich im Gegenteil um ein Manöver Hitlers handelte, hinter dem sich nichts weiter verbergen konnte als die Absicht, geplante innenpolitische Gewaltmaßnahmen mit dem Schein des Rechts in Gegenmaßnahmen umzufälschen. Er fingierte diesen Angriff seiner politischen Feinde, um ihre Vernichtung als bloße Selbstverteidigung hinzustellen. Dass ich trotzdem nach Berlin zurückkehren wollte, führte in dem kleinen Züricher Café zu lebhaften Auseinandersetzungen. Kurz bevor mein Zug aus Zürich abfuhr, kam am Nebengleis ein Schnellzug aus Deutschland an. Dutzende von Bekannten und Kollegen stiegen aus. Sie waren über Nacht geflohen. Der Reichstagsbrand war das Signal gewesen, das sie nicht übersehen hatten. Als sie mich und meine Absicht erkannten, verstärkten sie den warnenden Chor der Freunde. Ich aber fuhr nach Berlin zurück und bemühte mich in den folgenden Tagen und Wochen, weitere Gesinnungsgenossen von der Flucht ins Ausland abzuhalten. Ich beschwor sie zu bleiben. Es sei unsere Pflicht und Schuldigkeit, sagte ich, auf unsere Weise dem Regime die Stirn zu bieten. Der Sieg dieses Regimes und die schrecklichen Folgen eines solches Sieges seien, sagte ich, natürlich nicht aufzuhalten, wenn die geistigen Vertreter der Fronde allesamt auf und davon gingen. Sie hörten nicht auf mich. Hätten sie auf mich gehört, dann wären sie heute wahrscheinlich alle tot. Dann stünden sie, auch sie, in den Listen der Opfer des Faschismus. Mir wird, so oft ich daran denke, heiß und kalt. Wenn es mir damals gelungen wäre, auch nur einen einzigen zu überreden, den man dann gequält und totgeschlagen hätte? Ich trüge dafür die Schuld …

Warum ich das erzähle? Um anzudeuten, weshalb ich mir nicht mehr anmaße, anderen Menschen, und wären's die nächsten Freunde, in wichtige Entscheidungen hineinzureden. Von einem einzigen Menschen habe ich das Recht, Ideen zuliebe Opfer zu verlangen: von mir selbst. Ich weiß, dass das ein etwas kläglicher, mediokrer Standpunkt ist. Er hat nur einen Vorrang: den der Ehrlichkeit. Generäle, Parteiredner und Sektengründer haben stärkere Nerven als ich, eine dickere Haut und vielleicht etwas weniger Phantasie. Sie verspielen, wenn's denn sein muss, auch fremde Einsätze, ohne mit der Wimper zu zucken. Ich könnte das nicht.

Damit ergibt sich meine Stellungnahme zu einer Frage, die im heutigen Deutschland zahllose Menschen, und gerade junge Leute, außerordentlich bewegt. Die Frage, ob sie eines Tages, falls sich die Gelegenheit dazu je böte, versuchen sollten auszuwandern. Im sechsten Heft der Münchner Zeitschrift „Der Ruf" hieß es: „Dies ist der Sachverhalt: Die große Masse der deutschen Jugend trägt sich mit der festen Absicht, Deutschland zu verlassen, sobald sich nur die geringste Möglichkeit bieten sollte." Und: „Unter etwa sechzig bis achtzig befragten jungen Menschen haben wir keinen gefunden, der uns nicht die Heimat seiner Zukunft schon mit dem Finger auf der Landkarte zeigen konnte." Ist der Wunsch, das gesunkene Schiff zu verlassen, wirklich so allgemein verbreitet? Ich hoffe, dass der Autor übertreibt. Ich fürchte, das er recht hat. „Schon die Absicht allein", schreibt er, „beweist, dass diese Jugend die Lust verloren hat, am Leben Deutschlands teilzunehmen." Die Lust verloren? Das klingt niederschmetternd. Es klingt, als ob jemand sagte: „Meine Eltern haben ihr Vermögen verloren, ich such mir morgen ein Paar neue!" Früher hätte ich eine solche Gesinnung mit den mit zu Gebote stehenden schriftstellerischen Mitteln bis aufs äußerste bekämpft. Heute? Heute zucke ich die Achseln und blicke aus dem Fenster. Wenn die jungen Leute erklären:

„Wir wollen fort aus diesem zertrümmerten und mit Menschen bis zum Hals vollgestopften Land, um unser Glück woanders zu versuchen", so habe ich kein Recht, mich ihnen in den Weg zu stellen. 1933 forderte ich andere auf, ihr Leben aufs Spiel zu setzen. Heute bringe ich's nicht einmal über mich, sie aufzufordern, dass sie ihr materielles Glück riskieren. Auch das ist nicht meine, sondern ihre Sache.

Etwas ganz andres ist das Interesse, das ich an der Frage nehme. Denn die Frage und die Antworten darauf sind für die Zukunft unserer Heimat außerordentlich bedeutsam. Auch jetzt schon, wo an Möglichkeiten zur Auswanderung noch gar nicht zu denken ist.

Will man die Kinder richtig heranbilden, muss man's zuvor mit den Lehrern tun. Diese viel zu wenig beachtete und schon gar nicht befolgte Banalität musste, während man in den Erziehungsministerien über neuen Lehrplänen, Lesebüchern und Schulreformen brütete, eindeutig ausgesprochen werden.

## Zur Entstehungsgeschichte des Lehrers

Eine der schwierigsten und dringendsten Aufgaben ist, wie wir alle wissen, die Reform des Unterrichts. Denn es fehlt nicht nur an intakt gebliebenen Schulgebäuden, sondern auch an intakt gebliebenen Lehrern. Zahlreiche Opfer forderte der Krieg. Zahllose Opfer forderte die Diktatur. Ihr fielen diejenigen zum Opfer, die sich wehrten. Ihr fallen jetzt die zum Opfer, die sich nicht gewehrt haben.

Es ist ja, wie auch anderswo, bei den deutschen Lehrern nicht etwa so gewesen, dass nur die Betreffenden Nationalsozialisten geworden wären, die allen Ernstes an Hitlers Programmpunkte glaubten. Deren Zahl ließe sich gewiss verschmerzen. Entscheidend war die Zahl derer, die, als es riskant wurde, ihre bisherigen Anschauungen ohne großes Federlesen auf den Müll warfen. Sie hatten – ich greife zu einem handlichen Beispiel – gelehrt und gelernt, dass Karl der Große europäisch weitblickend gedacht, geplant und gehandelt habe. Spätestens Anno 1934 predigten sie plötzlich, ohne ihre Meinung de facto auch nur um einen Zentimeter geändert zu haben: dass Karl der Franke ein Unglücksmann gewesen sei, der insbesondere durch das Sachsenmassaker in Verden an der Aller Deutschlands Entwicklung grundsätzlich zum Schlimmen gewandt habe. Und heute? Heute wären sie liebend gern bereit, sich erneut hinters Katheder zu klemmen und, wie einst im Mai, mit präzeptoraler Würde zu erklären, dass Karls europäische Sendung und die „karolingische Renaissance" nicht hoch genug veranschlagt werden können. Heute behaupten sie auch, sie auch, sie hätten damals, ob sie wollten oder nicht, Parteimitglieder werden müssen. Dabei steht fest, dass sie das nicht werden mussten. Fest steht nur, dass sie nicht feststanden. Dass sie umfielen, bevor man sie anblies. Dass sie zwar ein respektables Wissen besaßen, aber nicht den entsprechend respektablen Charakter. Ich schreibe so etwas nicht leichtfertig hin, noch leichten Herzens. Und schon gar nicht, um Männer, denen man jetzt die Ausübung ihres Berufes untersagt, zum Überfluss auch noch madig zu machen. Sondern ich schreibe es nieder, weil ich nicht nur den Tatbestand kenne, sondern auch die Ursachen. Und auf die Ursachen hinzuweisen, ist dringend geboten. Die Lehrer haben im Dritten Reich versagt, weil, vor 1933, die Lehrerbildung versagt hat. Es kann nicht früh genug darauf hingewiesen werden, dass man die Kinder nur dann vernünftig erziehen kann, wenn man zuvor die Lehrer vernünftig erzieht.

Als ich in den letzten Jahren der wilhelminischen Ära ein „Seminar" besuchte – so hießen damals die Lehrerbildungsanstalten –, war die Situation folgendermaßen:

Da der Staat die Seminare finanziell unterstützte, bot deren Besuch für die begabten, bildungshungrigen Söhne des Handwerkerstandes, der Arbeiterschaft und des Kleinbauerntums die billigste, im Grunde die einzige erschwingbare Fortbildungsmöglichkeit. Die Folge war, dass wir Seminaristen in aller Augen, besonders in denen der übrigen „höheren" Schüler, „second class" waren. Der Staat tat das Seine. Wir kosteten ihn Geld, und so vermauerte er uns eine andere, vor allem eine akademische Berufswahl. Deshalb war unser Abgangszeugnis dem Abitur nicht gleichgestellt. Man tat das, obwohl unser Begabungsdurchschnitt und unser Wissensniveau unleugbar über dem Mittelwert der anderen Schulen lagen. Die uns eines Tages erwartenden bescheidenen Gehälter gaben unserem Ansehen den Rest. Sie unterhöhlten schließlich auch unsere Selbsteinschätzung, soweit davon noch die Rede sein konnte.

Auch unsere Professoren genossen geringeren Respekt als die Gymnasiallehrer, obwohl sie diesen an Wissen und Können völlig das Wasser reichten. Endlich war – und das ist das Ärgste – unsere Charakterbildung auf bedenkliche Ziele gerichtet. Am deutlichsten wurde dies im Internatsleben. Der Staat lenkte unsere Erziehung dorthin, wo er den größten Nutzeffekt sah. Er ließ in den Seminaren blindlings gehorsame, kleine Beamte mit Pensionsberechtigung heranziehen. Unser Unterrichtsziel lag nicht niedriger als das der Realgymnasien. Unsere Erziehung bewegte sich auf der Ebene von Unteroffiziersschulen. Das Seminar war eine Lehrerkaserne.

So war es nur folgerichtig, dass die Schüler, wenn sie auf den Korridoren einem Professor begegneten, ruckartig stehenblieben und stramm Front machen mussten. Dass sie in den Arbeitszimmern, wenn ein Lehrer eintrat, auf das zackige Kommando des Stubenältesten hin aufspringen mussten. Dass sie zweimal in der Woche nur eine Stunde Ausgang hatten. Dass nahezu alles verboten war und dass Übertretungen aufs strengste bestraft wurden. So stutzte man die Charaktere. So wurde das Rückgrat geschmeidig gemacht und, war das nicht möglich, gebrochen. Hauptsache war: Es entstand der gefügige, staatsfromme Beamte, der sich nicht traute, selbständig zu denken, geschweige zu handeln.

Wer sich nicht fügen wollte oder konnte, suchte, wenn sich ihm ein Ausweg bot, das Weite. Ich gehörte zu den Glücklichen. Ich besuchte, als ich nach dem Ersten Weltkrieg heim kam, ein Reformgymnasium und bekenne, nie im Leben wieder so gestaunt zu haben wie damals, als ich plötzlich Professoren erlebte, die sich während des Unterrichts zwischen ihre Schüler setzten und diese, auf die natürlichste Weise von der Welt, wie ihresgleichen behandelten. Ich war überwältigt. Zum erstenmal erlebte ich, was Freiheit in der Schule war, und wie weit sie gestattet werden konnte, ohne die Ordnung zu gefährden. Die anderen, die wieder ins Seminar zurückgemusst hatten, wurden weiter zu Gehorsamautomaten gedrillt. Dann wurden sie Volksschullehrer und taten blind, was ihnen zu tun befohlen war. Und als dann eines Tages, nach 1933, die Befehle entgegengesetzt lauteten, hatten die meisten nichts entgegenzusetzen. Ihre Antwort war auch dann – blinder Gehorsam.

### Das Genie

Der Mensch, der in die Zukunft springt,
der geht zugrunde.
Und ob der Sprung missglückt, ob er gelingt –
der Mensch, der springt,
geht vor die Hunde.


### Nur Geduld!

Das Leben, das die Meisten führen,
zeigt ihnen, bis sie's klar erkennen:
Man kann sich auch an offnen Türen
den Kopf einrennen!

Die Zunge der Kultur reicht weit!
Wohin sie sich erstreckt,
da wird der Mensch nebst seiner Zeit
so lang wie hoch und weit und breit
von der Kultur beleckt.

Oh, dass sie tausend Zungen hätte!
Noch gibt es Neger ohne Uhr
und Dörfer ohne Operette
und Eskimos ohne – Pardon! – Klosette.
Die Zunge raus, Kultur!

Noch gibt es Frauen, die den Nabel zeigen
und ohne Kleid und Scham spazierengehn.
Noch gibt es Männer, die im Dunkeln geigen,
und Leute, die, selbst wenn sie dumm sind, schweigen.
Man kann das kaum verstehn …

Denn wir stell'n unsre Kinder künstlich her
und unsre Nahrung in Tablettenform.
Das Altern kennen wir nicht mehr.
Bouillon mit Ei gewinnen wir aus Teer.
Kurzum: Es ist enorm!

Der Straßenkehrer braucht das Abitur
und muss belesen sein in Schund und Schmutz.
Da denkt man manchmal: Die Kultur,
sie kann uns am –! Sie soll uns nur –!
Sie ist dazu imstand und tut's.

## Hinweis auf die Hände einer Waschfrau

Es gibt berühmtere Hände,
und schönere gibt's auch.
Die Hände, die Sie hier sehen,
sind für den Hausgebrauch.

Sie kennen nicht Lack noch Feile.
Sie spielten noch nie Klavier.
Sie sind nicht zum Vergnügen,
sondern zum Waschen hier.

Sie waschen nicht nur einander,
sie waschen mit großem Fleiß
die Wäsche, die andere trugen,
mühselig wieder weiß.

Sie duften nicht nach Lavendel,
sondern nach Lauge und Chlor.
Sie wringen und rumpeln und schuften
und fürchten sich nicht davor.

Sie wurden rot und rissig.
Sie wurden fühllos und rauh.
Und wenn sie jemanden streicheln,
streicheln sie ungenau.

Es gibt berühmtere Hände,
und schönere gibt's auch.
Die Hände, die Sie hier sehen,
sind nur für den Hausgebrauch.

## Der Kümmerer

Der Kümmerer ist zwar ein Mann,
doch seine Männlichkeit hält sich in Grenzen.
Er nimmt sich zwar der Frauen an,
doch andre Männer ziehn die Konsequenzen.

Der Kümmerer ist ein Subjekt,
das Frauen, wenn es sein muss, zwar bedichtet,
hingegen auf den Endeffekt
von vornherein und überhaupt verzichtet.

Er dient den Frauen ohne Lohn.
Er liebt die Frau en gros, er liebt summarisch.
Er liebt die Liebe mehr als die Person.
Er liebt, mit einem Worte, vegetarisch!

Er wiehert nicht. Er wird nicht wild.
Er hilft beim Einkauf, denn er ist ein Kenner.
Sein Blick macht aus der Frau ein Bild.
Die andren Blicke werfen andre Männer.

Die Kümmerer sind nicht ganz neu.
Auch von von Goethe wird uns das bekräftigt.
Sein Clärchen war dem Egmont treu,
doch der war meist mit Heldentum beschäftigt.

So kam Herr Brackenburg ins Haus,
vertrieb die Zeit und half beim Wäschelegen.
Am Abend warf sie ihn hinaus.
Wer Goethes Werke kennt, der weiß weswegen.

Die Kümmerer sind sehr begehrt,
weil sie bescheiden sind und nichts begehren.
Sie wollen keinen Gegenwert.
Sie wollen nichts als da sein und verehren.

Sie heben euch auf einen Sockel,
der euch zum Denkmal macht und förmlich weiht.
Dann blicken sie durch ihr Monokel
und wundern sich, dass ihr unnahbar seid.

Dann knien sie hin und beten an.
Ihr gähnt und haltet euch mit Mühe munter.
Zum Glück kommt dann und wann ein Mann
und holt euch von dem Sockel runter!

## Zur Fotografie eines Konfirmanden

Da steht er nun, als Mann verkleidet,
und kommt sich nicht geheuer vor.
Fast sieht er aus, als ob er leidet.
Er ahnt vielleicht, was er verlor.

Er trägt die erste lange Hose.
Er spürt das erste steife Hemd.
Er macht die erste steife Pose.
Zum ersten Mal ist er sich fremd.

Er hört sein Herz mit Hämmern pochen.
Er steht und fühlt, dass gar nichts sitzt.
Die Zukunft liegt ihm in den Knochen.
Er sieht so aus, als hätt's geblitzt.

Womöglich kann man noch genauer
erklären, was den Jungen quält:
Die Kindheit starb; nun trägt er Trauer
und hat den Anzug schwarz gewählt.

Er steht dazwischen und daneben.
Er ist nicht groß. Er ist nicht klein.
Was nun beginnt, nennt man das Leben.
Und morgen früh tritt er hinein.

## Die Großeltern haben Besuch

Für seine Kinder hat man keine Zeit.
(Man darf erst sitzen, wenn man nicht mehr gehn kann.)
Erst bei den Enkeln ist man dann soweit,
dass man die Kinder ungefähr verstehn kann.

Spielt hübsch mit Sand und backt auch Sandgebäck!
Ihr seid so fern und trotzdem in der Nähe,
als ob man über einen Abgrund weg
in einen fremden bunten Garten sähe.

Spielt brav mit Sand und baut euch Illusionen!
Ihr und wir Alten wissen ja Bescheid:
Man darf sie bauen, aber nicht drin wohnen.
Ach, bleibt so klug, wenn ihr erwachsen seid!

Wir möchten euch auch später noch beschützen.
Denn da ist vieles, was euch dann bedroht.
Doch unser Wunsch wird uns und euch nichts nützen.
Wenn ihr erwachsen seid, dann sind wir tot.

### Reden ist Silber

Lernt, dass man still sein soll,
wenn man im Herzen Groll hat.
Man nimmt den Mund nicht voll,
wenn man die Schnauze voll hat.

### Die zwei Gebote

Liebe das Leben, und denk an den Tod!
Tritt, wenn die Stunde da ist, stolz beiseite.
Einmal leben zu müssen,
heißt unser Gebot.
Nur einmal leben zu dürfen,
lautet das zweite.

### Sich selbst zum 40. Geburtstag

Du weißt, mein Bester, dass ich nichts beschönige.
Deshalb vergiss nicht, was man sehr leicht vergisst:
Doppelt so alt, wie du heute geworden bist,
werden nur wenige.

### Zusammenhänge

Der eine möchte nicht sehen,
was der andre nicht sieht.
Alles könnte geschehen.
Aber nur manches geschieht.

### Es hilft nicht schönzufärben

Sollen die Kinder erben,
müssen die Eltern sterben.

### Der Abschied

Nun ich mich ganz von euch löse,
hört meinen Epilog:
Freunde, seid mir nicht böse,
dass ich mich selber erzog!
Wer sich strebend verwandelt,
restlos und ganz und gar,
hat unselig gehandelt,
wenn er nicht wird, was er war!

### Unsanftes Selbstgespräch

Merk dir, du Schaf,
weil es immer gilt:
Der Fotograf
ist nie auf dem Bild.

### Eine Mutfrage

Wer wagt es,
sich den donnernden Zügen entgegenzustellen?
Die kleinen Blumen
zwischen den Eisenbahnschwellen!

### Bescheidene Frage

Ist der Mensch nicht eine Plage?
Und erst recht, wenn man ihn liebt?
Gott, verzeih mir diese Frage!
Tu's auch, wenn es Dich nicht gibt.

## Präzision

Wer was zu sagen hat,
hat keine Eile.
Er lässt sich Zeit und sagt's
in einer Zeile.


## Zum Neuen Jahr

„Wird's besser? Wird's schlimmer?"
fragt man alljährlich.
Seien wir ehrlich:
Leben ist immer
lebensgefährlich.

Ans deutsche Volk, von Ulm bis Kiel:
Ihr esst zu oft! Ihr esst zuviel!
Ans deutsche Volk, von Thorn bis Trier:
Ihr seid zu faul! Zu faul seid ihr!

Und wenn sie euch den Lohn entzögen!
Und wenn der Schlaf verboten wär!
Und wenn sie euch so sehr belögen,
dass sich des Reiches Balken bögen!
Seid höflich und sagt Dankesehr.

Die Hände an die Hosennaht!
Stellt Kinder her! Die Nacht dem Staat!
Euch liegt der Rohrstock tief im Blut.
Die Augen rechts! Euch geht's zu gut.

Ihr sollt nicht denken, wenn ihr sprecht!
Gehirn ist nichts für kleine Leute.
Den Millionären geht es schlecht.
Ein neuer Krieg käm ihnen recht.
So macht den Ärmsten doch die Freude!

Ihr seid zu frech und zu begabt!
Seid taktvoll, wenn ihr Hunger habt!
Rasiert euch besser! Werdet zart!
Ihr seid kein Volk von Lebensart.

Und wenn sie euch noch tiefer stießen
und würfen Steine hinterher!
Und wenn sie euch verhaften ließen
und würden nach euch Scheibe-schießen!
Sterbt höflich und sagt Dankesehr.

Kalenderspruch
Vergiss in keinem Falle,
auch dann nicht, wenn vieles misslingt:
Die Gescheiten werden nicht alle!
(So unwahrscheinlich das klingt.)


Ganz nebenbei
oder Das Derivat des Fortschritts
Indes sie forschten, röntgten, filmten, funkten,
entstand von selbst die köstlichste Erfindung:
der Umweg als die kürzeste Verbindung
zwischen zwei Punkten.

Liebe Kinder,

da sitzt ihr nun, alphabetisch oder nach der Größe sortiert, zum erstenmal auf diesen harten Bänken, und hoffentlich liegt es nur an der Jahreszeit, wenn ihr mich an braune und blonde, zum Dörren aufgefädelte Steinpilze erinnert. Statt an Glückspilze, wie sich's eigentlich gehörte. Manche von euch rutschen unruhig hin und her, al säßen sie auf Herdplatten. Andre hocken wie angeleimt auf ihren Plätzen. Einige kichern blöde, und der Rotkopf in der dritten Reihe starrt, Gänsehaut im Blick, auf die schwarze Wandtafel, als sähe er in eine sehr düstere Zukunft.

Euch ist bänglich zumute, und man kann nicht sagen, dass euer Instinkt tröge. Eure Stunde X hat geschlagen. Die Familie gibt euch zögernd her und weiht euch dem Staate. Das Leben nach der Uhr beginnt, und es wird erst mit dem Leben selber aufhören. Das aus Ziffern und Paragraphen, Rangordnung und Stundenplan eng und enger sich spinnende Netz umgarnt nun auch euch. Seit ihr hier sitzt, gehört ihr zu einer bestimmten Klasse. Noch dazu zur untersten. Der Klassenkampf und die Jahre der Prüfungen stehen bevor. Früchtchen seid ihr, und Spalierobst müsst ihr werden! Aufgeweckt wart ihr bis heute, und einwecken wird man euch ab morgen! So, wie man's mit uns getan hat. Vom Baum des Lebens in die Konservenfabrik der Zivilisation – das ist der Weg, der vor euch liegt. Kein Wunder, dass eure Verlegenheit größer ist als eure Neugierde.

Hat es den geringsten Sinn, euch auf einen solchen Weg Ratschläge mitzugeben? Ratschläge noch dazu von einem Manne, der, da half kein Sträuben, genauso „nach Büchse" schmeckt wie andre Leute auch? Lasst es ihn immerhin versuchen, und haltet ihm zugute, dass er nie vergessen hat, noch je vergessen wird, wie eigen ihm zumute war, als er selber zum erstenmal in der Schule saß. In jenem grauen, viel zu groß geratenen Ankersteinbaukasten. Und wie es ihm damals das Herz abdrückte. Damit wären wir schon beim wichtigsten Rat angelangt, den ihr euch einprägen und einhämmern solltet wie den Spruch einer uralten Gedenktafel:

Lasst euch die Kindheit nicht austreiben! Schaut, die meisten Menschen legen ihre Kindheit ab wie einen alten Hut. Sie vergessen sie wie eine Telefonnummer, die nicht mehr gilt. Ihr Leben kommt ihnen vor wie eine Dauerwurst, die sie allmählich aufessen, und was gegessen worden ist, existiert nicht mehr. Man nötigt euch in der Schule eifrig von der Unter- über die Mittel- zur Oberstufe. Wenn ihr schließlich drobensteht und balanciert, sägt man die „überflüssig" gewordenen Stufen hinter euch ab, und nun könnt ihr nicht mehr zurück! Aber müsste man nicht in seinem Leben wie in einem Hause treppauf und treppab gehen können? Was soll die schönste erste Etage ohne den Keller mit den duftenden Obstborden und ohne das Erdgeschoss mit der knarrenden Haustür und der scheppernden Klingel? Nun – die meisten leben so! Sie stehen auf der obersten Stufe, ohne Treppe und ohne Haus, und machen sich wichtig. Früher waren sie Kinder, dann wurden sie Erwachsene, aber was sind sie nun? Nur wer erwachsen wird und Kind bleibt, ist ein Mensch! Wer weiß, ob ihr mich verstanden habt. Die einfachen Dinge sind so schwer begreiflich zu machen! Also gut, nehmen wir etwas Schwierigeres, womöglich begreift es sich leichter. Zum Beispiel:

Haltet das Katheder weder für einen Thron noch für eine Kanzel! Der Lehrer sitzt nicht etwa deshalb höher, damit ihr ihn anbetet, sondern damit ihr einander besser sehen könnt. Der Lehrer ist kein Schulwebel und kein lieber Gott. Er weiß nicht alles, und er kann nicht alles wissen. Wenn er trotzdem allwissend tut, so seht es ihm nach, aber glaubt es ihm nicht! Denn dann verdient er eure Liebe. Und da er im übrigen nicht eben viel verdient, wird er sich über eure Zuneigung von Herzen freuen. Und noch eins: Der Lehrer ist kein Zauberkünstler, sondern ein Gärtner. Er kann und wird euch hegen und pflegen. Wachsen müsst ihr selber!

Nehmt auf diejenigen Rücksicht, die auf euch Rücksicht nehmen! Das klingt selbstverständlicher, als es ist. Und zuweilen ist es furchtbar schwer. In meine Klasse ging ein Junge, dessen Vater ein Fischgeschäft hatte. Der arme Kerl, Breuer hieß er, stank so sehr nach Fisch, dass uns anderen schon übel wurde, wenn er um die Ecke bog. Der Fischgeruch hing in seinen Haaren und Kleidern, da half kein Waschen und Bürsten. Alles rückte von ihm weg. Es war nicht seine Schuld. Aber er saß, gehänselt und gemieden, ganz für sich allein, als habe er die Beulenpest. Er schämte sich in Grund und Boden, doch auch das half nichts. Noch heute, fünfundvierzig Jahre danach, wird mir flau, wenn ich den Namen Breuer höre. So schwer ist es manchmal, Rücksicht zu nehmen. Und es gelingt nicht immer. Doch man muss es stets von neuem versuchen.

Seid nicht zu fleißig! Bei diesem Ratschlag müssen die Faulen weghören. Er gilt nur für die Fleißigen, aber für sie ist er sehr wichtig. Das Leben besteht nicht nur aus Schularbeiten. Der Mensch soll lernen, nur die Ochsen büffeln. Ich spreche aus Erfahrung. Ich war als kleiner Junge auf dem besten Wege, ein Ochse zu werden. Dass ich's, trotz aller Bemühung, nicht geworden bin, wundert mich heute noch. Der Kopf ist nicht der einzige Körperteil. Wer das Gegenteil behauptet, lügt. Und wer die Lüge glaubt, wird, nachdem er alle Prüfungen mit Hochglanz bestanden hat, nicht sehr schön aussehen. Man muss nämlich auch springen, turnen, tanzen und singen können, sonst ist man, mit seinem Wasserkopf voller Wissen, ein Krüppel und nichts weiter.

Lacht die Dummen nicht aus! Sie sind nicht aus freien Stücken dumm und auch nicht zu eurem Vergnügen. Und prügelt keinen, der kleiner und schwächer ist als ihr! Wem das ohne nähere Erklärung nicht einleuchtet, mit dem möchte ich nichts zu tun haben. Nur ein wenig warnen will ich ihn. Niemand ist so gescheit oder so stark, dass es nicht noch Gescheitere und Stärkere als ihn gäbe. Er mag sich hüten. Auch er ist, vergleichsweise, schwach und ein rechter Dummkopf.

Misstraut gelegentlich euren Schulbüchern! Sie sind nicht auf dem Berge Sinai entstanden, meistens nicht einmal auf verständige Art und Weise, sondern aus alten Schulbüchern, die aus alten Schulbüchern entstanden sind, die aus alten Schulbüchern entstanden sind, die aus alten Schulbüchern entstanden sind. Man nennt das Tradition. Aber es ist ganz etwas anderes. Der Krieg zum Beispiel findet heutzutage nicht mehr wie in Lesebuchgeschichten statt, nicht mehr mit blitzendem Kürass und wehendem Federbusch wie bei Gravelotte und Mars-la-Tour. In manchen Lesebüchern hat sich das noch nicht herumgesprochen. Glaubt auch den Geschichten nicht, worin der Mensch in einem fort gut ist und der wackre Held vierundzwanzig Stunden am Tage tapfer! Glaubt und lernt das, bitte, nicht, sonst werdet ihr euch, wenn ihr später ins Leben hineintretet, außerordentlich wundern! Und noch ein: Die Zinseszinsrechnung braucht ihr auch nicht mehr zu lernen, obwohl sie noch auf dem Stundenplan steht. Als ich ein kleiner Junge war, mussten wir ausrechnen, wieviel Geld im Jahre 1925 aus einem Taler geworden sein würde, den einer unserer Ahnen Anno 1525, unter der Regierung Johanns des Beständigen, zur Sparkasse gebracht hätte. Es war eine sehr komplizierte Rechnerei. Aber sie lohnte sich. Aus dem Taler, bewies man uns, entstünde durch Zinsen und Zinseszinsen das größte Vermögen der Welt!

Doch dann kam die Inflation, und im Jahre 1925 war das größte Vermögen der Welt samt der ganzen Sparkasse keinen Taler mehr wert. Aber die Zinseszinsrechnung lebte in den Rechenbüchern munter weiter. Dann kam die Währungsreform, und mit dem Sparen und der Sparkasse was es wieder Essig. Die Rechenbücher haben es wieder nicht gemerkt. Und so wird es Zeit, dass ihr einen Rotstift nehmt und das Kapitel „Zinseszinsrechnung" dick durchstreicht. Es ist überholt. Genauso wie die Attacke auf Gravelotte und der Zeppelin. Und wie noch manches andere.

Da sitzt ihr nun, alphabetisch oder nach der Größe geordnet, und wollt nach Hause gehen. Geht heim, liebe Kinder! Wenn ihr etwas nicht verstanden haben solltet, fragt eure Eltern! Und, liebe Eltern, wenn Sie etwas nicht verstanden haben sollten, fragen Sie Ihre Kinder!

## Was auch geschieht!

Was auch immer geschieht:
Nie dürft ihr so tief sinken,
von dem Kakao, durch den man euch zieht,
auch noch zu trinken!

## Warnung

Ein Mensch, der Ideale hat,
der hüte sich, sie zu erreichen.
Sonst wird er eines Tages, statt
sich selber andren Menschen gleichen.

## Offener Brief an Angestellte

Vorgesetzte muss es geben.
Angestellte müssen sein.
Ordnung ist das halbe Leben.
Brust heraus und Bauch hinein!

Vorgesetzte tragen feiste
Bäuche unter dem Jackett.
Feist ist an dem Pack das meiste,
und sie gehn nur quer ins Bett.

Sie sind fett aus Überzeugung.
Und der bloße Anblick schon
zwingt uns andre zur Verbeugung.
Korpulenz wird Religion!

In den runden Händen halten
sie Zigarren schussbereit.
Jede ihrer Prachtgestalten
wirkt, als wäre sie zu zweit.

Manche sagen (wenn auch selten),
sie verstünden unsre Not.
Und wir kleinen Angestellten
schmieren uns den Quatsch aufs Brot.

Atemholen sei nicht teuer,
sagen sie, und nahrhaft auch!
Und dann hinterziehn sie Steuer
und beklopfen sich den Bauch.

Nagelt ihnen auf die Glatzen
kalten Braten und Coupons!
Blast sie auf, und wenn sie platzen!
Gibt es schönre Luftballons?

Lasst sie steigen und sich blähen,
über Deutschland hoch im Wind!
Bis sie alles übersehen,
weil sie Aufsichtsräte sind.

Wenn sie eines Tags verrecken,
stopft sie aus und weckt sie ein!
Tiere kann man damit necken,
Kinder kann man damit schrecken,
aber euch? Ich hoffe: Nein!

## Spruch in der Silvesternacht

Man soll das Jahr nicht mit Programmen
beladen wie ein krankes Pferd.
Wenn man es allzu sehr beschwert,
bricht es zu guter Letzt zusammen.

Je üppiger die Pläne blühen,
um so verzwickter wird die Tat.
Man nimmt sich vor, sich zu bemühen,
und schließlich hat man den Salat!

Es nützt nicht viel, sich rotzuschämen.
Es nützt nichts, und es schadet bloß,
sich tausend Dinge vorzunehmen.
Lasst das Programm! Und bessert euch drauflos!

## Moral

Es gibt nichts Gutes
außer: Man tut es.


## In memoriam memoriae

Die Erinn'rung ist eine mysteriöse
Macht und bildet die Menschen um.
Wer das, was schön war, vergisst, wird böse.
Wer das, was schlimm war, vergisst, wird dumm.

# Bürger, schont eure Anlagen

Arbeit lässt sich schlecht vermeiden,
und sie ist der Mühe Preis.
Jeder muss sich mal entscheiden,
Arbeit zeugt noch nicht von Fleiß.

Arbeit muss es quasi geben.
Denn der Mensch besteht aus Bauch.
Arbeit ist das halbe Leben,
und die andre Hälfte auch.

Seht euch vor, bevor ihr schuftet!
Zieht euch keinen Splitter ein.
Wer behauptet, dass Schweiß duftet,
ist (ganz objektiv) ein Schwein.

Zählt die Arbeit zu den Strafen!
Wer nichts braucht, braucht nichts zu tun.
Legt euch mit den Hühnern schlafen.
Wenn es geht: pro Mann ein Huhn.

Manche geben keine Ruhe,
und sie schuften voller Wut.
Doch ihr Tun ist nur Getue,
und es kleidet sie nicht gut.

Lasst euch auf den Sofas treiben!
Gut geträumt ist halb gelacht.
Hände sind zum Händereiben.
Sprecht schon morgens: „Gute Nacht."

Lasst die Wecker ruhig rasseln!
Zeigt dem Krach das Hinterteil.
Lasst die Moralisten quasseln.
Bietet euch nicht täglich feil.

Wozu macht ihr Karriere?
Ist die Erde denn kein Stern?
Tut, als ob stets Sonntag wäre,
denn er ist der Tag des Herrn.

Vieles tun heißt vieles leiden.
Lebt, so gut es geht, von Luft.
Arbeit lässt sich schlecht vermeiden –
doch wer schuftet, ist ein Schuft!

## Weihnachtslied, chemisch gereinigt
(Nach der Melodie: „Morgen, Kinder, wird's was geben!")

Morgen, Kinder, wird's nichts geben!
Nur wer hat, kriegt noch geschenkt.
Mutter schenkte euch das Leben.
Das genügt, wenn man's bedenkt.
Einmal kommt auch eure Zeit.
Morgen ist's noch nicht so weit.

Doch ihr dürft nicht traurig werden.
Reiche haben Armut gern.
Gänsebraten macht Beschwerden.
Puppen sind nicht mehr modern.
Morgen kommt der Weihnachtsmann.
Allerdings nur nebenan.

Lauft ein bisschen durch die Straßen!
Dort gibt's Weihnachtsfest genug.
Christentum, vom Turm geblasen,
macht die kleinsten Kinder klug.
Kopf gut schütteln vor Gebrauch!
Ohne Christbaum geht es auch.

Tannengrün mit Osrambirnen –
lernt drauf pfeifen! Werdet stolz!
Reißt die Bretter von den Stirnen,
denn im Ofen fehlt's an Holz!
Stille Nacht und heil'ge Nacht –
weint, wenn's geht, nicht! Sondern lacht!

Morgen, Kinder, wird's nichts geben!
Wer nichts kriegt, der kriegt Geduld!
Morgen, Kinder, lernt fürs Leben!
Gott ist nicht allein dran schuld.
Gottes Güte reicht so weit …
Ach, du liebe Weihnachtszeit!

(Anmerkung: Dieses Lied wurde vom Reichsschulrat für
das Deutsche Einheitslesebuch angekauft.)

## Die vier archimedischen Punkte
### Kleine Neujahrs-Ansprache vor jungen Leuten

In den Wochen vor und nach der Jahreswende pflegt es Ansprachen zu schneien. Sie senken sich sanft, mild und wattig auf die rauhe Wirklichkeit, bis diese einer wärmstens empfohlenen, überzuckerten und ozonreichen Winterlandschaft gleicht. Doch mit dem Schnee, wie dicht er auch fällt, hat es seine eigene Bewandtnis – er schmilzt. Und die Wirklichkeit sieht nach der Schmelze, mitten im schönsten Matsch, noch schlimmer aus als vor dem großen Schneetreiben und Ansprachengestöber.

Was war, wird nicht besser, indem man's nachträglich lobt. Und das, was kommt, mit frommen Wünschen zu garnieren, ist Konditorei, nichts weiter. Es hat keinen Sinn, sich und einander die Taschen vollzulügen. Sie bleiben leer. Es hat keinen Zweck, die Bilanz zu frisieren.

Rund heraus: das alte Jahr war keine ausgesprochene Postkartenschönheit, beileibe nicht. Und das neue? Wir wollen's abwarten. Wollen wir's abwarten? Nein. Wir wollen es nicht abwarten! Wir wollen nicht auf gut Glück und auf gut Wetter warten, nicht auf den Zufall und den Himmel harren, nicht auf die politische Konstellation und die historische Entwicklung hoffen, nicht auf die Weisheit der Regierungen, die Intelligenz der Parteivorstände und die Unfehlbarkeit aller übrigen Büros. Wenn Millionen Menschen nicht neben-, sondern miteinander leben wollen, kommt es aufs Verhalten der Millionen, kommt es auf jeden und jede an, nicht auf die Instanzen.

Das klingt wie ein Gemeinplatz, und es ist einer. Wir müssen unser Teil Verantwortung für das, was geschieht, und für das, was unterbleibt, aus der öffentlichen Hand in die eigenen Hände zurücknehmen. Wohin es führt, wenn jeder glaubt, die Verantwortung trüge der sehr geehrte, wertgeschätzte Vordermann und Vorgesetzte, das haben wir erlebt. Soweit wir's überlebt haben …

Ich bin ein paar Jahre älter als ihr, und ihr werdet ein paar Jahre länger leben als ich. Das hat nicht viel auf sich. Aber glaubt mir trotzdem: wenn Unrecht geschieht, wenn Not und Muckertum sich breit macht, wenn Hilfe verweigert wird – stets ist jeder einzelne zur Abhilfe mit aufgerufen, nicht nur die jeweils „zuständige" Stelle.

Jeder ist mitverantwortlich für das, was geschieht, und für das, was unterbleibt. Und jeder von uns und euch – auch und gerade von euch – muss es spüren, wann die Mitverantwortung neben ihn tritt und schweigend wartet. Wartet, dass er handle, helfe, spreche, sich weigere oder empöre, je nachdem. Fühlt er es nicht, so muss er's fühlen lernen. Beim einzelnen liegt die große Entscheidung.

Aber wie kann man es lernen? Steht man nicht mit seinem Bündel Verantwortung wie in einem Wald bei Nacht? Ohne Licht und Weg, ohne Laterne, Uhr und Kompass? Ich sagte schon, ich sei ein paar Jahre älter als ihr, und wenn ich bisher auch noch nicht, noch immer nicht gelernt habe, welche Partei, welche Staatsform, welche Kirche, welche Philosophie, welches Wirtschaftssystem und welche Weltanschauung „richtig" wären, so bin ich doch nie ohne Kompass, Uhr und Taschenlampe in der Welt herumgestolpert. Und wenn ich mich auch nicht immer nach ihnen gerichtet habe, so war's gewiss nicht ihr, sondern mein Fehler.

Archimedes suchte, für die physikalische Welt, den einen festen Punkt, von dem aus er sich's zutraute, sie aus den Angeln zu heben. Die soziale, moralische und politische Welt, die Welt der Menschen nicht aus den Angeln, sondern in die rechten Angeln hineinzuheben, dafür gibt es in jedem von uns mehr als einen archimedischen Punkt.

Vier dieser Punkte möchte ich aufzählen.

Punkt 1: Jeder Mensch höre auf sein Gewissen! Das ist möglich. Denn er besitzt eines. Diese Uhr kann man weder aus Versehen verlieren noch mutwillig zertrampeln. Diese Uhr mag leiser oder lauter ticken – sie geht stets richtig. Nur wir gehen manchmal verkehrt.

Punkt 2: Jeder Mensch suche sich Vorbilder! Das ist möglich. Denn es existieren welche. Und es ist unwichtig, ob es sich dabei um einen großen toten Dichter, um Mahatma Gandhi oder um Onkel Fritz aus Braunschweig handelt, wenn es nur ein Mensch ist, der im gegebenen Augenblick ohne Wimperzucken das gesagt und getan hätte, wovor wir zögern. Das Vorbild ist ein Kompass, der sich nicht irrt und uns Weg und Ziel weist.

Punkt 3: Jeder Mensch gedenke immer seiner Kindheit! Das ist möglich. Denn er hat ein Gedächtnis. Die Kindheit ist das stille, reine Licht, das aus der eigenen Vergangenheit tröstlich in die Gegenwart und Zukunft hinüberleuchtet. Sich der Kindheit wahrhaft erinnern, das heißt: plötzlich und ohne langes Überlegen wieder wissen, was echt und falsch, was gut und böse ist. Die meisten vergessen ihre Kindheit wie einen Schirm und lassen sie irgendwo in der Vergangenheit stehen. Und doch können nicht vierzig, nicht fünfzig Jahre des Lernens und Erfahrens den seelischen Feingehalt des ersten Jahrzehnts aufwiegen. Die Kindheit ist unser Leuchtturm.

Punkt 4: Jeder Mensch erwerbe sich Humor! Das ist nicht unmöglich. Denn immer und überall ist es einigen gelungen. Der Humor rückt den Augenblick an die richtige Stelle. Er lehrt uns die wahre Größenordnung und die gültige Perspektive. Er macht die Erde zu einem kleinen Stern, die Weltgeschichte zu einem Atemzug und uns selber bescheiden. Das ist viel. Bevor man das Erb- und Erzübel, die Eitelkeit, nicht totgelacht hat, kann man nicht beginnen, das zu werden, was man ist: ein Mensch.

Vier Punkte habe ich aufgezählt, dass ihr von ihnen aus die Welt, die aus den Fugen ist, einrenken helft: das Gewissen, das Vorbild, die Kindheit, den Humor. Vier Angelpunkte. Vier Programmpunkte, wenn man so will. Und damit habe ich unversehens selber eine der Ansprachen gehalten, über die ich mich eingangs lustig machte. Es lässt sich nicht mehr ändern, höchstens und konsequenterweise auf die Spitze treiben, indem ich, anderen geschätzten Vor- und Festrednern folgend, mit ein paar Versen schließe, mit einem selbst- und hausgemachten Neujahrsspruch:

Man soll das Jahr nicht mit Programmen
beladen wie ein krankes Pferd.
Wenn man es allzu sehr beschwert,
bricht es zu guter Letzt zusammen.

Je üppiger die Pläne blühen,
um so verzwickter wird die Tat.
Man nimmt sich vor, sich schrecklich zu bemühen,
und schließlich hat man den Salat.

Es nützt nicht viel, sich rotzuschämen.
Es nützt nichts, und es schadet bloß,
sich tausend Dinge vorzunehmen.
Lasst das Programm, und bessert euch drauflos!

Kürzlich besuchte mich eine französische Journalistin. Also unterhielten wir uns über französische Literatur. Also kamen wir auf Sartre zu sprechen. Jean-Paul Sartre. Sie wissen schon. Ich zollte seinem Talent meine Anerkennung, geriet aber an die falsche Adresse. „Er ist nicht aufrichtig!" rief das französische Fräulein ärgerlich. „Er ist nicht konsequent! Sonst hätte er sich längst aufhängen müssen!" Oh, sie kenne ihn gut, fuhr sie fort. Wie oft habe sie ihm, in seinem Pariser Stammcafé, nahegelegt, doch endlich mit seiner sträflichen Inkonsequenz und sich selber Schluss zu machen! Habe er ihren Rat befolgt? Kein Gedanke! Sie war sehr erbost. Der Ärger stand ihr gut zu Gesicht.

Ich wagte einige Einwände. Unter anderem sagte ich, Sartre sei, mindestens nebenberuflich, Philosoph, und von derlei tiefschürfenden Leuten, auch noch von den glühendsten Pessimisten und Nihilisten, könne man höchstens erwarten, dass sie sich aus freien Stücken umbrächten, nicht aber auf Drängen einzelner junger Damen. Und aus freien Stücken hätte sich fast noch kein Philosoph umgebracht! Philosophieren sei der gesündeste Beruf, den es gäbe! Die Philosophen erreichten, laut Statistik, das höchste Durchschnittsalter! Scharfes Nachdenken schone vermutlich Körper und Seele! Man sieht, ich argumentierte gar nicht so übel. Das französische Fräulein aber schlug die Hände über der Frisur zusammen. „Sartre ist doch kein Philosoph!" rief sie. „Und überhaupt der Existentialismus!"

Da war es wieder gefallen, dieses schreckliche Wort. Dieses Donnerwort! Ich zuckte zusammen. Seit Jahren höre und lese ich das Wort, und jedes Mal zucke ich zusammen! Es reißt mich. Ob es sich um eine Idiosynkrasie handelt? Man hat sich doch wahrhaftig im Laufe der Zeit an mancherlei gewagte Vokabeln gewöhnt! An „Quantentheorie", „Archetyp", „Surrealismus", „Phenolphtalein", „Dermatoplastik", „Indeterminismus", „Inflation", „Kulturmorphologie" und, nun ja, „Idiosynkrasie". Zuerst stutzt man ein bisschen. Später gewöhnt man sich. Der Mensch ist geduldig. Schließlich verbindet man mit diesen Wörtern, wenn man sie lange genug verwendet hat, sogar einen gewissen Sinn! Aber bei dem Wort „Existentialismus" – da versage ich. Jeder bessere Mitmensch hantiert damit. Jeden Tag ist in jeder Zeitung davon die Rede. Wie Tinte fließt es von den Lippen. Wie Honigseim strömt es aus den Federn. Und was tue ich? Ich zucke zusammen. Dergleichen nagt am Selbstgefühl. Wer ist schon gerne der Dümmste! Noch dazu in Gegenwart einer französischen Journalistin …

Nach einer schlaflosen, von Selbstvorwürfen zerfleischten Nacht packte ich einen Koffer und schlich aus dem Hause. Auf dem Zettel, den ich hinterlassen hatte, stand nur: „Kurze Reise in stilles Gebirgstal. Zweck: schwierige Lektüre. Gießt die Blumen pünktlich!" In der Buchhandlung, die ich, auf dem Weg zum Bahnhof, betrat, wusste man – ich kam nur bis zur Silbe „Ex…" –

sofort, was ich benötigte. Zunächst brachte man mir ein fachphilosophisches Werk. Darin blätternd, fand ich bedenkliche Druckfehler und gab es missgelaunt zurück. Nein, meinte der Verkäufer, das seien keine Druckfehler. Das Verbum „sein" bedeute dem Verfasser etwas anderes als „seyn", außerdem bedeute „ist" etwas anderes als „west", und … Ich entschuldigte mich und blätterte von neuem. Es war da vom „seienden Sein" und sogar von der „Seiendheit" die Rede. Nun gab ich das Buch erneut zurück. Ich wollte ja schließlich nicht für immer ins Gebirge, sondern höchsten für vierzehn Tage! Ich wollte mich mit einer philosophischen Meinung beschäftigen, aber doch keine neue Sprache lernen! Es ist durchaus möglich, dass man, philosophischerseits, mit dem Deutsch Kants und Schopenhauers nicht mehr auskommt. Die Physiker und Astronauten von heute kommen mit den alten, traditionellen Formeln ja auch nicht mehr zu Fache. Aber wohin soll das führen, wenn neue philosophische Lehren nur noch von ein paar Professoren und deren Assistenten verstanden werden? Und nicht mehr von den übrigen „Freunden der Weisheit"? Ich bat also um leichtere Lektüre. Immerhin wog das Bücherpaket, mit dem ich abends in X. eintraf, gut seine zehn Pfund. Existentialistische Dramen, existentialistische Romane, existentialistische Broschüren, existentialistische Gedichtbände und ein Wälzer über das Wesen der Angst, vom 1. Brief des Johannes bis zu Sigmund Freud, lagen drohend auf dem Tisch. Er wackelte. Vermutlich vor Angst. (Platzangst oder Agoraphobie.) Das

Bett wackelte nicht. Trotzdem schlief ich miserabel. Ich hatte noch mehr Angst als der Tisch. (Gesteigerte Ich-Entwertung, auch Ohnmächtigkeitserklärung des Menschen oder Anthropokenosis.) Vielleicht lag es auch nur an dem dicken Deckbett. Im modernen Menschen soll sich einer auskennen!

Die nächsten zwei Tage regnete es in Strömen. Richtiges Existentialistenwetter. Zum Lesen von Büchern, worin laufend Angst, Einsamkeit, Ekel, Verzweiflung, Hässlichkeit und Absurdität beschrieben werden, wundervoll geeignet! Als die Kellnerin am zweiten Morgen ins Zimmer kam, um zu hören, was ich frühstücken wolle, sagte ich versehentlich: „Einmal Hoffnungslosigkeit komplett!" So weit war ich schon in die Materie eingedrungen. Das Mädchen verstand mich nicht. Die jeweils moderne Bildung gerät eben doch nur sehr langsam und spät in die Gebirgstäler. Wir einigten uns schließlich auf Spiegeleier mit Schinken. – Angst und Freiheit in ihrer geheimnisvollen Wechselbeziehung zu erforschen ist eines der existentialistischen Hauptanliegen. Die Angst sei vom Nichts erzeugt, das wie ein Etwas vor den Menschen hintritt, las ich gerade, als die stramme Kellnerin wiederkam und eine Platte mit vier Spiegeleiern vor mich hintrat, nein hinstellte. „Noch etwas?" fragte sie. „Nichts", antwortete ich. Die Ärmste hatte keine Ahnung, wie philosophisch wir uns unterhielten. Sie lächelte mich an, als habe sie viel Zeit. Sie hatte gut lächeln! Sie war halt, im strengen Sinne, kein Individuum und hatte sich insofern nicht nur ihrer Freiheit begeben, sondern eben auch der Angst! Außerdem war sie gewiss fromm und profitierte, im Ernstfalle, von der „Angstbekämpfung in der Gemeinschaft".

Es regnete ohne Gnade. Der Nebel vorm Fenster verwandelte die waldigen Höhen und das Wiesental ins pure Nichts. Während ich, in echter Verlassenheit, die Spiegeleier hinunterwürgte und den existentialistischen Freiheitsbegriff erwog, fiel mir, in diesem doppelten Zusammenhange, Buridans Esel ein, jenes scholastische Tier, das sich, zwischen zwei gleich großen Heubündeln befestigt, für keines der beiden entschließen konnte und infolgedessen verhungerte. Sich nicht zu entschließen, las ich, sei auch ein Entschluss; und einen der möglichen Entschlüsse zu fassen, bedeute, in einer Welt ohne allgemeingültige Wertmaßstäbe, dass der Einzelmensch frei, dass er zur Freiheit verurteilt sei. Verurteilt? Ja. Es gäbe keine Vorausbestimmung, keine objektiven Werte, kein authentisches Gewissen. An nichts könne man sich halten, und doch müsse man handeln. Der Mensch – Existenz hin, Existenz her – sei nichts als die Summe seiner Handlungen. Der Mensch sei das, was er aus sich mache! Anlässlich dieses fundamentalen Kalenderspruchs fasste ich, in voller Freiheit handelnd, den Entschluss, das vierte Spiegelei nicht aufzuessen. Die Wirtin hatte die Eier in Talg gebraten. Außerdem war mir aufgefallen, dass ich vor Jahren in einem Artikel geschrieben hatte, man dürfe sich weder Illusionen machen noch resignieren, sondern müsse, unnachgiebig, den „Abgrund als Basis" betrachten. Um alles in der

Welt! Sollte ich, ohne jede Ahnung, was Existentialismus bedeutet, womöglich selber ein Existentialist sein? Das fehlte gerade noch! Der Regen. Das Hammelfett. Und nun diese grässliche Befürchtung! Mir wurde heiß und kalt. Ich ging schleunigst in die Gaststube und ließ mir eine Messerspitze Natron geben. Und ein Gläschen Kirschwasser. Mir wurde besser. Natron hilft. Manchmal. Kirschwasser immer.

Es lag auch daran, dass ich ein Buch über die erkenntnistheoretische Seite des Existentialismus mitgenommen hatte. Da merkte ich bald, dass meine grässliche Befürchtung verfrüht gewesen war. Ich las nämlich, dass die Welt so existiere, wie wir sie erfahren, „und nur insofern". Es sei nicht so, dass unsere Wirklichkeit die Schatten ewiger Ideen „verkörpere", und sonst nichts. Es sei nicht so, dass wir die Welt „an sich" nicht erkennen könnten, sondern lediglich in einem uns mitgegebenen Schema, und sonst gar nicht. Es sei auch nicht so, dass wir handeln und uns einrichten müssten, „als ob" unsere Wirklichkeit die echte sei. Mir fiel ein Stein vom Herzen. Da ich so sehr an den genialen Denkpoesien Platons und Kants hänge, konnte ich Glückspilz gar kein Existentialist sein! Aber – schon wieder ein Aber – genügte es als Entschuldigung, dass ich, trotz mehrtägiger Bemühung, noch immer nicht wusste, was Existentialismus ist, und dass ich statt dessen hier und da Widersprüche und Gedankensprünge bemerkt hatte? Da fiel mein Blick auf folgenden Satz: „Im Grunde hat das Wort Existentialismus heute einen solchen Umfang und eine solche Ausdehnung angenommen, dass es überhaupt nichts mehr bedeutet!"

In diesem historischen Moment brach die Sonne durch die Wolken. Es hörte zu regnen auf. Der Nebel verschwand wie ein Taschentuch in der Hand eines Zauberkünstlers. Die bunten Wiesen leuchteten in ihrer Feuchte so herrlich, als habe sie ein unsichtbarer Gärtner mit einer riesigen Blumenspritze geduscht. Und die laub- und tannengrünen Berge winkten zur Gaststube herüber, als wollten sie sagen: „Nun komm schon endlich, du alter Schafskopf!"

P.S. Der alte Schafskopf kam.

Man wird und sollte sich daran erinnern, dass der „Fall Harlan",
also der robuste und reuelose, unermüdliche Versuch des „Jud
Süß"-Regisseurs, sich den Platz unter den Jupiterlampen zurück-
zuerobern, immer wieder auf Widerstand stieß, z.B. in Freiburg,
wo die Polizei höchst handgreiflich gegen die Demonstranten vor-
ging.

## Brief an die Freiburger Studenten

Sehr geehrter Herr Linke!
Darf ich Ihnen meine Ansicht kurz im Zusammenhang
skizzieren, also ohne den Komplex vierzuteilen?
Wenn die Anhänger der echten und insofern die Gegner
einer nur formalen Demokratie nicht scharf aufpassen,
wird die noch sehr junge und ganz und gar nicht ge-
sunde Bundesrepublik so lange mit dem Schwert der
Gerechtigkeit herumfuchteln, bis sie auf diese Weise,
obzwar versehentlich, Selbstmord begeht. Das Weimarer Harakiri dürfte noch in bester Erinnerung sein.
Das Hamburger Gericht sprach Herrn Harlan frei. Nicht
einmal zu einem befristeten Berufsverbot reichte das
„objektive" Finden des Rechts aus. Also waren die Film-
produktion und der Filmverleih im Recht, Herrn Harlan
umgehend zu beschäftigen. Also sind die Kinobesitzer
im Recht, seine Filme vorzuführen. Also ist die Polizei
im Recht, gegen Demonstranten einzuschreiten. Also
sind die einzigen Menschen, die im Unrecht sind, diejenigen, die ihr Gewissen aufruft, im Namen der Mensch-

lichkeit gegen eine derartige Gerechtigkeit und ihre sichtbaren wie unabsehbaren Folgen zu protestieren.

Wäre der Fall Harlan ein Einzelfall, ginge es noch eben an. Aber er ist ein Sympton. Und so bleibt all denen, die das Wesen der Demokratie lieben und eine demokratische Heimat wünschen, seien sie nun Atheisten, Lutheraner oder Katholiken, nichts übrig, als „Protstanten" zu werden. Das Harakiri entspricht nicht ihren Plänen für die Zukunft.

Mit den besten Grüßen an die Kommilitonen

Ihr EK

Der Prozess, der den Freiburger Vorfällen mühselig folgte, glich dem Hornberger Schießen.

Wir haben die Frauen zu Bett gebracht,
als die Männer in Frankreich standen.
Wir hatten uns das viel schöner gedacht.
Wir waren nur Konfirmanden.

Dann holte man uns zum Militär,
bloß so als Kanonenfutter.
In der Schule wurden die Bänke leer,
zu Hause weinte die Mutter.

Dann gab es ein bisschen Revolution
und schneite Kartoffelflocken;
dann kamen die Frauen, wie früher schon,
und dann kamen die Gonokokken.

Inzwischen verlor der Alte sein Geld,
da wurden wir Nachtstudenten.
Bei Tag waren wir bureau-angestellt
und rechneten mit Prozenten.

Dann hätte sie fast ein Kind gehabt,
ob von dir, ob von mir – was weiß ich!
Das hat ihr ein Freund von uns ausgeschabt.
Und nächstens werden wir Dreißig.

Wir haben sogar ein Examen gemacht
und das Meiste schon wieder vergessen.
Jetzt sind wir allein bei Tag und bei Nacht
und haben nichts Rechtes zu fressen!

Wir haben der Welt in die Schnauze geguckt,
anstatt mit Puppen zu spielen.
Wir haben der Welt auf die Weste gespuckt,
soweit wir vor Ypern nicht fielen.

Man hat unsern Körper und hat unsern Geist
ein wenig zu wenig gekräftigt.
Man hat uns zu lange, zu früh und zumeist
in der Weltgeschichte beschäftigt!

Die Alten behaupten, es würde nun Zeit
für uns zum Säen und Ernten.
Noch einen Moment. Bald sind wir bereit.
Noch einen Moment. Bald ist es so weit!
Dann zeigen wir euch, was wir lernten!

## Genesis der Niedertracht

Eines merkt man stündlich und täglich:
Kinder sind hübsch und offen und gut,
aber Erwachsene sind unerträglich.
Manchmal nimmt uns das allen Mut.

Böse und hässliche alte Leute
waren als Kinder fast tadellos.
Nette und reizende Kinder von heute
werden später kleinlich und groß.

Wie ist das möglich? Was soll das heißen?
Sind denn die Kinder auch nur echt,
wenn sie den Fliegen die Flügel ausreißen?
Sind denn auch schon die Kinder schlecht?

Jeder Charakter ist durch Zwei teilbar,
da Gut und Böse beisammen sind.
Doch die Bosheit ist unheilbar,
und die Güte stirbt als Kind.

# Inhalt

# Schlagwortregister

# Quellenverzeichnis

### Herz auf Taille, 1928
Weihnachtslied, chemisch gereinigt – Wieso, warum? – Knigge für Unbemittelte – Jahrgang 1899

### Lärm im Spiegel, 1929
Lob des Einschlafens – Bürger, schont eure Anlagen

### Ein Mann gibt Auskunft, 1930
Dem Revolutionär Jesus zum Geburtstag – Weihnachtsfest im Freien – Karriere? – Der Geizhals geht im Regen

### Gesang zwischen den Stühlen, 1932
Das Herz im Spiegel – Das Führerproblem, genetisch betrachtet – Brief an meinen Sohn – Die Entwicklung der Menschheit – Legende, nicht ganz stubenrein – Was auch geschieht

### Doktor Erich Kästners Lyrische Hausapotheke, 1936
Der Weihnachtsabend des Kellners – Alte Frau auf dem Friedhof – Tagebuch eines Herzkranken – Sachliche Romanze – Taurigkeit, die jeder kennt – Kleine Führung durch die Jugend – Brief aus einem Herzbad – Zur Fotografie eines Konfirmanden – Hinweis auf die Hände einer Waschfrau – Nur Geduld! – Das Genie – Der Kümmerer – Die Großeltern haben Besuch – Warnung – Aufforderung zur Bescheidenheit – Spruch in der Silvesternacht – Genesis der Niedertracht

### Bei Durchsicht meiner Bücher, 1946
Und wo bleibt das Positive, Herr Kästner? – Zeitgenossen haufenweise – Die Zunge der Kultur reicht weit – Offener Brief an Angestellte